U0855714

中核集团战略性重大课题研究成果

中核智库战略规划研究成果

国际核燃料循环产业发展格局

尹卫平　白云生　等　编著

中国原子能出版社

图书在版编目（CIP）数据

国际核燃料循环产业发展格局 / 尹卫平等编著.
—北京：中国原子能出版社，2022.6（2024.11 重印）
ISBN 978-7-5221-1971-7

Ⅰ. ①国… Ⅱ. ①尹… Ⅲ. ①核燃料–燃料循环–原子能工业–工业发展–研究–世界 Ⅳ. ①F416.23

中国版本图书馆 CIP 数据核字（2022）第 093968 号

内 容 简 介

本书系统地阐述了在全球能源清洁低碳发展的大背景下，国外核燃料循环产业的部分主要企业在产业发展、技术创新、市场开拓等领域的发展现状及战略选择，包括天然铀、铀转化、铀浓缩、核燃料元件及核燃料循环后段等核燃料循环重点产业链环节，涵盖俄罗斯国家原子能公司、美国西屋电气公司、法国欧安诺集团等企业的概况、主营业务及产业布局、主要经济指标、发展战略及发展动向等。同时对国外核能领域近年发生的若干热点事件进行动态追踪，并对部分国家核能发展路线做概括介绍。

本书可作为核燃料循环产业发展研究的工具书，为相关研究人员提供数据参考。亦可作为研究基础，为今后逐年跟踪全球核燃料循环产业发展动态提供基本研究框架。

国际核燃料循环产业发展格局

出版发行 中国原子能出版社（北京市海淀区阜成路 43 号 100048）
责任编辑 王 青 田镇瑜
装帧设计 崔 彤
责任校对 冯莲凤
责任印制 赵 明
印 刷 北京厚诚则铭印刷科技有限公司
经 销 全国新华书店
开 本 787 mm×1092 mm 1/16
印 张 12.25
字 数 147 千字
版 次 2022 年 6 月第 1 版 2024 年 11 月第 2 次印刷
书 号 ISBN 978-7-5221-1971-7 **定 价 88.00 元**

发行电话：010-68452845

版权所有 侵权必究

《国际核燃料循环产业发展格局》

编委会

主　编　尹卫平

副主编　白云生

编写组　王　墨　张海军　王婉莹　李林蔚
陈　定　石　磊　王娅琦　张　明
陆浩然　高　彬　张红林　邓学华
刘　群　刘洪军

前 言

习近平总书记在我国核工业创建 60 周年作出的重要指示中指出，核工业是高科技战略产业，是国家安全重要基石。要坚持安全发展、创新发展，坚持和平利用核能，全面提升核工业的核心竞争力。

核燃料循环是核能发展的重要物质与技术基础。在助力实现全球“碳中和”愿景目标进程中，世界能源需求的持续增长和环保减排的压力变大，具有零碳基荷优势的核能再次受到美俄等主要核工业大国的重视，国际核电市场有望保持稳定增长态势。核燃料循环产业是典型的高新技术产业，在国际竞争中属于寡头市场，尤其是核燃料加工环节，自主创新要求高，对产业拥有完全自主知识产权的能力需求更加突出。“十三五”期间，我国核燃料循环产业经济效益和发展质量不断提升，取得了一系列成果。在“双碳”目标要求下，核电的规模化发展为我国核燃料循环产业创造了新的机遇，同时也提出了更高的发展要求。持续对标国际领先企业，提高产业技术先进性和经济性，有助于我国核燃料循环产业在国际竞争中进一步发挥优势，赢得国际市场。

我国是世界上少数具有完整核工业体系的国家之一，经过 60

余年努力，形成了较为完整、自主、先进的核燃料循环产业链。本书跟踪研究国际核燃料循环重点企业在产业发展、技术创新、市场开拓等领域的发展动态及发展战略，对天然铀、铀转化、铀浓缩、核燃料元件、后处理等核燃料循环重点环节的十余家国际领先企业进行了深入研究，形成的研究成果为核燃料循环从业者掌握国外情况具有一定参考作用。

因编写组水平有限，错误在所难免，恳请读者批评指正。

编写组

2022年6月

目　录

第一篇　产业发展

第二篇　热点跟踪

<< 第一篇

产业发展

第一章

国际核燃料循环产业发展综述

核燃料循环产业是核能发展的大动脉，是拥有多环节超长产业链的高端产业。以核燃料组件在反应堆中的应用为界限，分为天然铀采冶、铀纯化转化、铀浓缩、核燃料元件制造等前段环节，及乏燃料后处理、放射性废物处理处置等后段环节。在净零排放目标日益成为国际共识的背景下，核能的地位和作用再次受到主要核大国的重视，核燃料循环产业在全球范围内有望保持稳定增长态势。本章重点介绍核燃料循环各产业链环节的发展概况及主要标杆企业总体情况，后续章节再分环节展开具体阐述。

一、天然铀

天然铀作为一种战略资源，对能源安全意义重大。近两年来，核能作为清洁低碳能源对缓解气候变化的关键作用日益受到重视，美国和欧洲对核能的倡导趋向升温，阿联酋、埃及、沙特阿拉伯和印度尼西亚等国家也陆续推进核电项目。天然铀产业过去几年的减

审核：李广长，中核集团战略咨询委委员。

产趋势或有所缓和，2021 年，部分金融买家意识到供需失衡导致可用库存快速下降，因此利用临时看涨趋势对天然铀价格进行了炒作，进一步加剧了供需失衡。为了满足未来几年的需求增长，预计主要天然铀公司需要适当增加年产量，以避免铀价格进一步飙升。

国际上天然铀的主要供应企业包括哈萨克斯坦国家原子能工业公司（简称哈原工）、澳大利亚必和必拓公司、加拿大卡梅科公司等。哈原工是世界上最大的铀生产商，占 2020 年全球铀产量的 22.5%，必和必拓公司和卡梅科公司分别占全球铀产量的 6.5%和 6.8%。在销售策略上，哈原工倾向于向美国、欧洲、亚洲的核电公司通过长期销售合同销售铀产品，现货销售在其销售组合中占小部分，且哈原工销售“亲核电厂、避贸易商”，避免贸易商通过投机扰乱现货市场，伤害其核心利益。必和必拓公司的核心资产澳大利亚奥林匹克坝矿以生产铜为主，天然铀为副产品，因此对天然铀销售价格要求不高，大部分销售价格均为市场联动价，价高价低都能接受。卡梅科公司的销售策略是根据不同的市场环境，精益化地调控产量，在确保公司现金流健康的前提下，实现公司铀资源资产收益最大化。

二、铀转化

铀转化是核燃料产业的重要组成部分之一。国际铀转化市场供应商以欧美核大国企业为主，形成了较为稳固的供求关系。根据世界核协会的基线情景预测，未来几年核电产业的发展将一直对铀转化服务市场产生积极影响，全球对铀转化服务的需求量到 2024 年将增至 7 万吨，到 2030 年将增至 8.1 万吨。

国际上大型商业铀转化服务一次供应商有加拿大卡梅科公司、法国欧安诺集团、俄罗斯国家原子能公司下属的 TENEX 公司等。卡梅科公司拥有全球约 24%的 UF_6 初级转化能力，并为加拿大的 CANDU 反应堆提供 UO_2。其铀转化业务一直在适应市场价格的变化和西方的总体供应情况。2020 年，其燃料服务部门总产量为 1.17 万 tU，其中包含 UF_6、UO_2、UO_3 和燃料生产，受疫情影响较 2019 年产量有所下降。在铀转化方面，卡梅科公司的战略重点是通过签订反映当前价格的新的长期合同来保持和优化其在该业务领域的盈利能力，使其能够始终如一地支持和满足客户的长期需求。欧安诺集团的前身是新阿海珐集团，重组后其业务重新聚焦到核燃料的开发以及废物管理，涵盖铀矿冶、转化和浓缩、乏燃料再循环、核物流、核设施退役及工程设计等业务。欧安诺集团 2020 年收入为 36.84 亿欧元，与 2019 年相比下降了 2.7%，其中铀转化业务收入和利润有较大下滑，主要是因为马尔维希铀转化厂的罢工带来了负面影响。欧安诺集团最大的优势是拥有一个具有转化和浓缩功能的综合工业平台，包括新的菲利浦－科斯特转化厂。TENEX 公司负责俄罗斯铀转化厂的大部分国际营销活动。该厂是西伯利亚化学联合体（SCC），位于谢韦尔斯克，由俄罗斯核燃料元件公司拥有和运营，2020 年 UF_6 产量约 0.7 万～1.04 万 tU，近期对其转化工艺过程进行了现代化改造，以提高可靠性并增加容量来满足转化需求。

三、铀浓缩

国际铀浓缩市场在过去十年一度处于供大于求、价格下行的状态，直到近两年才有所回升。2011 年 3 月的铀浓缩现货价格曾为 155 美元/kgSWU，到 2018 年 8 月已跌至 34 美元/kgSWU，部分铀浓缩供应商通过低尾料丰度运行和尾料再浓缩，利用过剩浓缩能力生产销售 UF_6 产品，以获得替代收入。2019 年，在供大于求的市场环境下，全球主要的铀浓缩供应商都放缓了提升产能的计划，甚至采取降低产能的方式来避免更换已达寿期的离心机设备。2019 年后，随着主要核电国家先后作出净零排放承诺，核电发展受到重视，对浓缩铀的需求呈上升趋势，铀浓缩价格才逐渐回升。2020 年 12 月，铀浓缩现货价格达到 51.50 美元/kgSWU，2022 年上涨至 56 美元/kgSWU。

国际上主要铀浓缩服务商包括俄罗斯国家原子能公司旗下的俄罗斯核燃料产供集团、法国欧安诺集团、欧洲铀浓缩公司等。俄罗斯核燃料产供集团是俄罗斯所有核电站、船舶和研究用反应堆的垄断性燃料供应商，为 15 个国家的核电站提供燃料。欧安诺集团通过特里卡斯汀的工厂进行铀浓缩，其新建生产单元采用先进的技术以提升市场竞争力。欧安诺集团铀浓缩出口业务占总业务的 60%，截至 2020 年底，收入近 10 亿欧元，并且已经有累计超过 10 年的订单收入。欧洲铀浓缩公司是铀浓缩和核燃料循环产品的国际供应商，一直以可持续发展为业务发展理念，截至 2020 年，欧洲铀浓缩公司已经在核燃料循环产业经营了 50 多年，合同订单总额约有 90 亿欧元，实现了 18 300 tSWU/a 的产能。其成本压降工作受到高度重视，2019 年节省成本约 3 亿欧元，有助于公司提升产品价格的竞争力。

四、核燃料元件

核燃料元件制造区别于其他核燃料加工产品或服务，属于定制化产品，不同反应堆供应商所需的核燃料元件也各不相同。按照反应堆类型划分，全球的核燃料元件主要用于轻水堆和重水堆，且以轻水堆燃料制造为主。目前全球主要的轻水堆核燃料供应商包括法马通公司、全球核燃料公司、西屋电气公司与俄罗斯国家原子能公司等。据统计，2020 年国际轻水堆燃料组件总产能约为 1.1 万 tU/a。重水堆核电站及重水堆核燃料元件厂主要位于加拿大、韩国、印度、罗马尼亚、阿根廷、巴基斯坦和中国。据统计，2020 年，国际重水堆核燃料组件总产能为 4 640 tHM/a。

法马通公司是一家纵向一体化的燃料制造商，旗下的锆事业部生产锆合金和燃料组件部件。到 2019 年，法马通公司为世界各地的反应堆累计交付了 22.5 万个燃料组件，其中约 64%用于压水堆，36%用于沸水堆。法马通公司在供应小型模块化反应堆燃料等创新领域也在不断拓展业务，扩大其潜在客户群。

全球核燃料公司整合了通用电气公司、日立公司和东芝公司的所有沸水堆核燃料业务，在美国和日本各拥有一家子公司。未来全球核燃料公司将逐渐降低沸水堆燃料产量以适应市场，并将通过战略联盟开拓压水堆领域，加紧研发小型模块化反应堆以拓宽市场份额，提高产品竞争力。

西屋电气公司在欧洲、美国和其他地区供应沸水堆、压水堆和 VVER 燃料组件。它也是英国工厂 AGR 燃料的唯一供应商。与其他竞争对手相比，西屋电气公司有着较高的多元化程度。其核燃料业务是公司的核心部分，将得到充分支持，以保持盈利能力。

俄罗斯国家原子能公司致力于将核燃料平衡循环集成产品推向世界市场，至今已为19个国家的41个客户提供核燃料产品服务，全年销售额超过20亿美元。在核燃料产业，俄罗斯国家原子能公司不断提升产能，并开展先进技术的研发。俄罗斯核反应堆研究所完成了在MIR研究堆对实验燃料组件（包括VVER反应堆和压水堆燃料棒）的第二轮辐照，标志着俄罗斯耐事故核燃料开发取得了最新里程碑。

五、核燃料循环后段

目前，国际上有关核燃料循环的技术路线主要包括“闭式循环”“一次通过”和“长期贮存”。法、俄、印、日等国积极推进闭式循环，并不断完善相应的政策、法规，推进技术的进步和发展。少部分国家选择了“一次通过”技术路线，如美国和瑞典，但由于最终处置场的选址遇到一系列问题，实际上美国的乏燃料处于“长期贮存”状态。闭式循环虽然投资巨大，但由于后处理技术对提高铀资源利用率和减少高放废物体积的重要作用，以及其特殊性和敏感性，因此，对闭式循环路线的选择不仅涉及技术的可行性、经济的合理性，也涉及对国家长远安全的考虑。

法国最初的核燃料闭式循环战略是“后处理+快堆 MOX”路线，但受快堆技术不完善和商业化进程推迟的影响，法国调整了核燃料循环战略，转向在热堆中燃烧后处理回收铀、钚。目前，法国掌握了成熟的后处理技术及工艺，在商业后处理产业方面居于世界领先位置，不仅处理了本国核电站运行产生的大量乏燃料，同时也服务国外核电公司，并从中获得不小的收益。英国虽然因为经济和技术原因关闭了商用后处理厂，但并未放弃闭式循环。日本一直坚持核燃料闭式循环路线，致力于掌握后处理技术，制定了各类计划推动后处理技术及产业发展。日本在东海村后处理厂基础上，引进法国技术建设的六个所村后处理厂，目前计划于 2023 年投入运行。俄罗斯坚持资源循环利用最大化、废物最小化的核燃料循环后段策略，坚持后处理与快堆产业并重发展、自主发展的策略，最终目标是实现后处理回收钚在快堆 MOX 燃料中的运用和锕系核素的焚烧。俄罗斯国家原子能公司建设的 RT-1 厂是俄罗斯最早的动力反应堆乏燃料后处理设施，也是俄罗斯唯一在运的后处理厂，实际处理能力为 160 t/a。印度后处理产业的发展源于印度对核特殊地位的高度重视，源于印度对军民两用敏感技术的持续发展。在核武器计划的推动下，经过多年的自主开发，印度包括后处理在内的核燃料循环技术已经走在了世界前列。

第二章

天然铀领域

一、产业发展概况

从全球铀资源供需情况看，目前所掌握的铀资源量，可以满足目前核电全寿期需求，目前的天然铀产能（在产矿山、停产矿山、计划开发矿山）可以满足 2030 年前全球核电发展需求，近期天然铀价格出现大幅上涨，主要因个别投机基金的炒作及部分天然铀生产商配合惜售，给天然铀价格走势和天然铀资源开发带来了不确定性，但长期来看不会改变全球天然铀供需基本面，预计价格仍将回归到合理区间。

图 1 和表 1 给出了 2020 年主要天然铀公司产量占据的市场份额。2020 年，哈萨克斯坦国家原子能工业公司是全球第一大生产商，其次是欧安诺集团。据 UxC 统计数据，2020 年全球铀产量总计约 5.58 万吨 U_3O_8，比 2019 年铀产量（近 6.49 万吨 U_3O_8）低 14%。

审核：李广长，中核集团战略咨询委委员。
孙若凡，中国铀业研究员。
毛继军，中广核铀业高级研究员（参与编写）。

2020 年铀产量下降主要由新冠肺炎疫情造成。受疫情影响，哈萨克斯坦国家原子能工业公司从 2020 年 4 月至到 7 月暂停了哈萨克斯坦原地浸铀项目的井田开发，卡梅科公司的雪茄湖铀矿从 4 月到 8 月停运。2021 年，由于哈萨克斯坦和加拿大的铀生产恢复正常化，全球铀产量略微回升，但澳大利亚能源有限公司位于澳大利亚的兰杰铀矿项目和欧安诺集团位于尼日尔的阿库塔铀矿项目结束将对总产量造成影响。

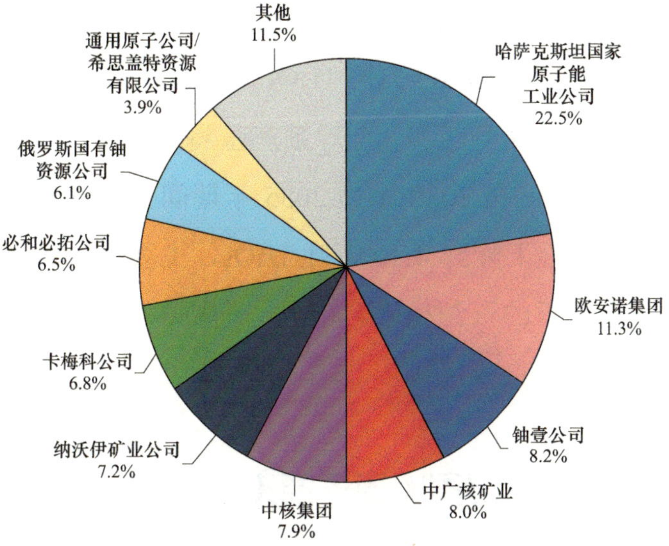

来源：UxC 2020 年天然铀产业报告

图 1　2020 年主要天然铀公司产量占比

表 1　2020 年主要国际天然铀公司产量占比

单位：吨 U_3O_8

公司名称	总产量	全球总产量占比
哈萨克斯坦国家原子能工业公司	10 647	22.5%
欧安诺集团	5 370	11.3%
铀壹公司	3 893	8.2%
纳沃伊矿业公司	3 385	7.2%
卡梅科公司	3 233	6.8%

续表

公司名称	总产量	全球总产量占比
必和必拓公司	3 077	6.5%
俄罗斯国有铀资源公司	2 908	6.1%
通用原子公司/希思盖特资源有限公司	1 827	3.9%
其他	5 447	11.5%

来源：UxC 2020 年天然铀产业报告

根据 UxC 预测，在 2022 年至 2025 年期间，全球铀产量将从 6.17 万吨 U_3O_8 增加到 6.62 万吨 U_3O_8。在 2026 年至 2030 年期间，随着几个铀矿项目储量耗尽，全球铀产量将从 6.62 万吨 U_3O_8 减少至 5.13 万吨 U_3O_8。在 2030 年到 2035 年期间，全球铀产量预计将从 5.13 万吨 U_3O_8 下降到 4.40 万吨 U_3O_8，主要因为纳米比亚、尼日尔和哈萨克斯坦的资源枯竭。如何长期保障天然铀供应将成为重要课题。

二、哈萨克斯坦国家原子能工业公司

（一）公司发展概况

1997 年，哈萨克斯坦共和国成立了国家原子能工业公司，以促进该国在铀和包括铍、钽和铌在内的稀有金属方面的商业利益。哈萨克斯坦国家原子能工业公司负责哈萨克斯坦的铀矿开采和出口，是哈萨克斯坦在核燃料循环前段的代表企业，因此拥有某些特权，包括通过与政府直接谈判获得底土使用协议，从而优先获得高质量天然铀矿床的开采权。

哈原工由国家主权财富基金萨姆鲁克 75%控股，另外 25%资产在伦敦和阿斯塔纳上市交易。除天然铀之外，哈原工还拥有乌里宾厂的芯块和元件加工、俄罗斯铀浓缩厂股权等产业。

（二）公司产业布局

作为世界上最大的铀生产商，哈萨克斯坦国家原子能工业公司专注于其铀矿及相关产业的可持续发展以创造长期价值。公司的核心业务是铀矿开采，其他业务包括整个核燃料循环前段，从地质勘探、铀矿开采和核燃料循环产品，到专利技术的科学研究和开发。公司是哈萨克斯坦铀及其化合物、核燃料、特殊设备和技术进出口业务的国家运营商，采取以市场为中心的生产和销售战略，根据市场行情优化完善业务流程，不断增强营销功能和拓展销售渠道，从关注数量转变为关注价值。

（三）公司主要经济指标

哈原工 2021 年收入约合 11.23 亿美元，与 2020 年相比增加了 15.4%，净利润提高了 20.4%，总资产提升了 18.3%（表 2）。

表 2 哈原工 2020—2021 年财务数据（摘要）

单位：百万美元

项目	2021 年	2020 年	变化比例
收入	1 123	973	15.4%
经营成本	992	739	34.2%
经营活动现金流量	– 118	115	– 202.6%
投资活动现金流量	450	285	57.9%
净利润	460	382	20.4%
总资产	2 607	2 204	18.3%

来源：哈萨克斯坦国家原子能工业公司 2021 年度财报

2020 年，哈萨克斯坦国家原子能工业公司 24 座原地浸出铀矿床的总产量约为 1.26 万吨 U_3O_8，受新冠肺炎疫情影响比上一年减少了 2 500 万磅，但仍占全球铀总产量的 22.5%。2021 年公司铀产量回升，在营业收入也上有所体现，但哈萨克斯坦将 2021 年和 2022 年铀产量限制在开采合同规定的目标水平 20%以下的计划，在一定程度上限制了公司铀产量的增长。根据 UxC 预测，到 2025 年，该公司预计将生产 1.71 万吨 U_3O_8，成为全球成本最低的生产商，占全球产量的近 26%。

（四）公司发展战略

在过去几年里，哈萨克斯坦国家原子能工业公司越来越注重产品销售，与中国、法国、印度、美国、日本等 11 个国家的 23 家客户签订了销售合同，其前五名客户占铀业务收入的 68%。2017 年，当市场价格疲软时，哈原工将铀产量削减 10%，从而使其 2017 年的产量份额降至 12 093 tU。随后决定将政府《底土协议》中的计划产量进一步削减 20%，减产从 2018 年一直持续到 2022 年。公司大部分收入来自 U_3O_8 的长期销售合同，一些合同价格取决于现货价格和长贸价格。2020 年，公司 U_3O_8 合同销售量约为 13 500～14 500 tU。

如前所述，哈原工偏好签署长期销售协议，但销售策略也有逐渐多元化的趋势，即不拒绝短期现货订单，而是积极与各类买方建立业务联系，以期将短期合作关系发展为长期合作关系。2020 年 5 月，哈原工与阿根廷达成了一项明确的短期商业协议，向阿根廷国营核燃料厂提供 150 tU 的现货铀，以满足阿根廷核电行业的需求。

虽有上述短期策略，但根本上，哈原工仍致力于获取尽可能多的长期合同以支持其生产扩张计划。该公司大约 50%～60%的长期合同是固定价合同，其余合同基于市场定价。因为大多数铀销售合同以美元计价，哈萨克斯坦坚戈的疲软使得哈原工成为最大受益者，公司的生产成本降低，收入增加，大多数新矿的生产成本低于 20 美元/磅 U_3O_8。

（五）公司发展动向

哈萨克斯坦国家原子能工业公司不断拓展国际市场，在欧洲、亚洲、美洲开发重点客户。

2011 年 12 月，哈萨克斯坦国家原子能工业公司与法国电力集团（EDF）签订了长期合同。随后，又于 2015 年 11 月与法国电力集团签署了另一份长期合同，在 2021 年至 2025 年期间向对方供应 4 500 tU。

2017 年，哈萨克斯坦国家原子能工业公司与韩国水电与核电公司签署了一份长期合同，从 2025 年至 2029 年交付 1 996 吨 U_3O_8。同年，该公司还宣布从 2018 年至 2020 年向伊朗出售近 1 134 吨 U_3O_8。

2019 年 5 月，哈萨克斯坦国家原子能工业公司宣布与西班牙埃努萨核燃料公司签署了燃料供应协议，这是哈原工与该公司签署的第一份商业协议。同年 9 月，哈原工签署了一份向巴西核工业公司供应 UF_6 的合同，继 2018 年向该公司销售现货铀之后再次增加供应。

哈萨克斯坦国家原子能工业公司还是印度的主要外国铀供应商。2019 年 11 月，哈原工与印度续签了一份 2020 年至 2024 年的铀供应合同。原合同于 2011 年签订，2015 年续期，2019 年到期，承诺按市场价格供应 5 000 tU。

三、卡梅科公司

（一）公司发展概况

卡梅科公司是一家公开上市的加拿大公司，也是世界上最大和成本最低的铀生产商之一。公司拥有 20.91 万吨 U_3O_8 的探明储量和概略储量，矿山资源丰富。2020 年，其位于加拿大和哈萨克斯坦的矿山约占世界产量的 6.8%。此外，卡梅科公司是西方三大重要的 U_3O_8 至 UF_6 转化服务供应商之一，约占全球转化服务的 25%。截至 2020 年 12 月，市值 67 亿加元（表 3）。

表 3　卡梅科公司工厂/生产中心汇总表

工厂名称	状态	所在地	控股比例/%	额定产能/（tU/万镑 U_3O_8）	工艺
基湖铀矿	S	加拿大萨斯喀彻温省	83.333 卡梅科 16.667 欧安诺	9 615/2 500	AL/SX
拉比特湖铀矿	S	加拿大萨斯喀彻温省	100.0 卡梅科	4 615/1 200	AL/SX
尹凯铀矿	O	哈萨克斯坦希姆肯特地区	60.0 哈萨克斯坦国家原子能工业公司 40.0 卡梅科	4 000/1 040	ISR
金都赫矿	D	西澳大利亚鲁达地区	100.0 卡梅科	1 696/440.92	AL/SX
依利里铀矿	D	西澳大利亚威卢纳	100.0 卡梅科	2 968/771.61	AL/SX
克罗布特矿	S	内布拉斯加州克劳福德	100.0 卡梅科	769/200	ISR
史密斯高地牧场铀矿	S	美国怀俄明州康弗斯县	100.0 卡梅科	2 115/550	ISR

来源：UxC 2020 年天然铀产业报告

卡梅科公司有两个产铀矿源：一个在加拿大萨斯喀彻温省，一个在哈萨克斯坦。萨斯喀彻温省矿源是雪茄湖铀矿/麦卡林湖工厂，该工厂在2020年4月至8月因新冠肺炎疫情大流行而暂停生产后，于2020年9月重新启动。2018年7月，公司决定无限期暂停麦克阿瑟河铀矿/ 基湖铀矿的生产，2022年1月宣布了当年重启计划，到2024年达到约5 000～5 500 tU年产量。卡梅科公司在哈萨克斯坦拥有尹凯铀矿40%的所有权权益。在美国，卡梅科公司的克劳布特和史密斯高地牧场铀矿原地浸出业务有少量剩余产品，但这两个矿厂都已关闭。

（二）公司产业布局

卡梅科公司的重点产业是天然铀生产，这是核燃料循环的最大价值驱动力。根据市场情况，为了降低风险，该公司评估生产、库存和采购的最优组合，以满足该公司的合同承诺，并尽可能获得最佳回报。卡梅科公司的燃料服务部门是利润的来源，支持铀部门，同时垂直整合整个燃料循环产业。卡梅科公司还通过其对全球激光浓缩公司49%的权益投资继续探索第三代铀浓缩技术，使用激光对天然铀原料进行再浓缩，若成功将对行业产生重要影响。

（三）公司主要经济指标

截至2020年12月31日，卡梅科公司持有6 940吨U_3O_8，总资产为76亿加元，与2019年相比增加了2亿加元，主要是由于存货增加。2020年，卡梅科公司铀销售额小幅下跌，总销售额为18亿加元，比2019年下降了3%；每磅铀平均成本为38.09加元，高于2019年的33.41加元。2020年产品总库存有所增加，达到6.8

亿加元，原因是销售量低于当年的生产和采购量。

（四）公司发展战略

卡梅科公司的发展战略：一是降低未来收益和现金流的波动性；二是根据市场适时调整供应产量以满足客户不断增长的年度额外需求；三是确保区域多样性，在各大洲建立和扩大战略客户的市场份额。卡梅科公司最大的五个客户占其承售量的60%，截至2020年，公司承诺向全球31个客户销售超过5.9万吨U_3O_8，未来五年的年平均销量约为8 618吨U_3O_8，按销售区域划分，42%的U_3O_8将销往美洲，33%销往亚洲，25%销往欧洲。

在短期发展战略上，卡梅科公司在现货交易市场非常活跃，通过观察现货价格和其他商业因素来决定是否应该买入或卖出现货市场的产品，是该公司的优势。2020年，雪茄湖铀矿和尹凯铀矿生产业务中断，卡梅科公司立即增加现货市场采购量，以履行其交付承售并保持其预期的库存水平。截至2020年9月底，卡梅科公司购买了1.19万吨U_3O_8，并根据合同交付了9 979吨U_3O_8。

在中长期发展战略上，卡梅科公司着眼于获取长期合同，定价规则为40%固定定价，60%以市场为导向定价，其中包括在市场价格下跌时的保护机制和在市场价格上涨时使该公司获益的机制。这一定价原则具有平衡性和灵活性，使卡梅科公司能够适应市场情况，为平均实际价格设定一个下限，在需求疲软期间实现高于市场价格的定价，有利于该公司在未来实现与更高市场价格相关的价格增长。

（五）公司发展动向

2021 年下半年，卡梅科公司积极与其他国际核能公司签署合作供应燃料的谅解备忘录，争取成为多个项目的首选供应商。例如 7 月与美国通用电气日立核能公司、全球核燃料美国公司（通用电气公司与日立公司牵头的合资企业）签署谅解备忘录，共同探索 BWRX-300 小型堆在加拿大和全球商业化部署的可行性。9 月与美国 X-energy 签署了一份非约束性和非排他性谅解备忘录，双方就未来两国 Xe-100 小型堆部署项目的潜在合作领域进行了探讨。11 月又与加拿大陆地能源公司签署了一份谅解备忘录，共同研究在北美和全球各地部署一体化熔盐堆（IMSR）的潜在合作机会，并评估提供铀、燃料和其他服务的机会。

2021 年 9 月，卡梅科公司的股价短期内暴涨，因现货市场上的铀遭到资金疯抢，全球铀交易相关上市公司的股价均大幅上涨。短期内天然铀价格可能会停留在较高值平台，但天然铀的潜在供需基本面没有明显改变。据 UxC 预测，2025 年，卡梅科公司产量将增长至 5 851 吨 U_3O_8，约占全球产量的 9%。

四、必和必拓公司

（一）公司发展概况

必和必拓公司是全球最大的多元化自然资源公司，也是几种主要大宗商品的全球顶级生产商之一。公司在全球二十多个国家开展业务，主要产品有铁矿石、煤、铜、铝、镍、石油、液化天然气、镁、钻石等。铀是必和必拓公司在南澳大利亚州奥林匹克坝铀矿铜生产的副产品。公司目标是通过发现、开发和转化自然资源，并提供以客户和市场为中心的创新解决方案，为公司股东创造长期价值。必和必拓公司同时在澳大利亚证券交易所和纽约证券交易所上市，截至 2020 年 12 月的市值为 1 999 亿澳元。

（二）公司产业布局

必和必拓公司运营的主要矿产项目包括巴西和澳大利亚的铁矿，秘鲁、澳大利亚和智利的铜矿，加拿大的钾肥项目以及澳大利亚、美国和哥伦比亚的煤矿。此外，公司还在墨西哥湾、特立尼达和多巴哥、阿尔及利亚、美国和英国从事石油与天然气的勘探、生产与销售。必和必拓公司的总部设在澳大利亚维多利亚州的墨尔本。

必和必拓公司的奥林匹克坝铀矿发现于 1975 年，拥有巨大的已探明储量和概略储量。截至 2020 年 6 月 30 日，其已探明储量约 26.13 万吨 U_3O_8，品位为 0.029%～0.058% U_3O_8。以每年 4 500 吨 U_3O_8 的生产率，可开采 58 年以上。同时，该矿的测定资源总量为 178.416 万吨 U_3O_8，品位为 0.02%～0.049% U_3O_8。该矿于 1988 年开始商业运营，并于 1999 年完成铀生产扩能，使铀产量达到每年约 4 990 吨万磅 U_3O_8。该矿是为地下矿山，其铀矿开采的主要方法是深孔空场胶结充填采矿法。

（三）公司主要经济指标

2021 年，必和必拓公司的销售收入为 608.17 亿美元，同比增长了 41.79%；资本支出为 66.06 亿美元，占收入的 10.9%；税后净利润为 113.04 亿美元，同比增长了 42%；每股收益为 2.235 美元，同比增长了 42.09%。根据公司财报，必和必拓公司全部业务分为五个业务部门，即石油业务、铜矿业务、铁矿石业务、煤炭业务以及公司和其他业务部门。其中，天然铀业务所属的铜矿业务部门在 2021 财年的收入为 157.26 亿美元，同比增长 47.4%，占公司 2021 财年收入的 25.9%。铀生产利润是该部门主要收益之一，在一定程度上补贴了铜的生产成本。在 2021 财年，必和必拓公司生产了 1 253.4 万盎司银、104.31 万吨铜精矿、59.26 万吨阴极铜、31.3 万盎司黄金、2 500 吨铅、14.51 万吨锌、3 267 吨铀以及 863 吨钼。

（四）公司发展战略

必和必拓公司虽然更倾向于签订长期出售合同，但也常以与市场相关价格或固定价格向现货市场和中期市场销售产品。随着长期合同的到期，预计必和必拓公司将更积极地进入现货市场。

在短期发展战略上，必和必拓公司在 2020 年期间主要通过中间商在现货市场出售铀，出售水平低于 2019 年。其现货年销售量从 181 吨 U_3O_8 到 454 吨 U_3O_8 不等。鉴于必和必拓公司一些长期合同即将到期，预计其将继续积极成为现货卖方。该公司受到日本客户交货取消/延期的轻微影响，短期内会出现一些供应过剩现象。

在中长期发展战略上，必和必拓公司将其大部分生产投入到定期合同销售中，通常以长期合同和中期合同的形式出售铀。必和必拓公司在西欧、东亚和北美保留了多元化的客户群，产品出口到英国、法国、瑞典、芬兰、比利时、中国、日本、韩国、加拿大、美国和西班牙等地区。公司倾向于以几乎完全与市场相关的定价条款进入铀市场。其报价包括与市场相关的定价条款，没有上限，但下限较低。这些合同的预期期限通常会延续到 2030 年。

（五）公司发展动向

必和必拓公司属于全产业链企业，包括矿区的评估、勘探、开发、开采、加工以及其产品营销等，广泛的业务面可大幅提高公司的核心竞争力，避免被上下游产业链所制约，也使公司在扩大业务和增加收入方面处于有利地位。2020 年，必和必拓公司的奥林匹克坝铀矿产量约为 3 629 吨 U_3O_8，占全球产量的 6.5%，年产量同比减少了 10%，对 2021 年的现货供应造成一定影响。由于必和必拓公司暂时放弃了奥林匹克坝扩建项目，而该项目预计将大幅提高其未来的铜/铀产量，因此预计必和必拓公司在 2025 年的产量将仅小幅增加 4 540 吨 U_3O_8，约为 4 082 吨，占全球份额为 6.2%。

第三章

铀转化领域

一、产业发展概况

天然铀转化是核燃料产业的重要组成部分之一。国际铀转化市场大部分掌控在美欧俄等核大国手中，形成了较为稳固的供求关系。2017 年底，美国铀转化厂停产以来，全球总产能下降，国际铀转化市场价格开始回暖，并呈缓慢上升趋势。2019 年，国际铀转化市场供应充分，一次供应产能总利用率仅为 52%，二次供应对全球市场的影响仍然存在。

目前，国际上共有 4 家大型商业铀转化服务一次供应商：加拿大卡梅科公司、俄罗斯国家原子能公司、法国欧安诺集团与美国康弗登公司。受到福岛核事故带来的全球市场需求萎缩影响，2011 年起卡梅科公司、俄罗斯国家原子能公司与康弗登公司分别逐年降低了各自的额定产能（图 2），其中康弗登公司梅特罗波利厂 2017

审核：王黎明，中核集团战略咨询委委员。
孙若凡，中国铀业研究员。
毛继军，中广核铀业高级研究员（参与编写）。

年初将额定产能由 15 000 tU/a（UF_6）降低为 7 000 tU/a（UF_6），在 2017 年底，梅特罗波利厂彻底停产，直至 2022 年才决定 2023 年初复产，直至 2022 年才决定 2023 年初复产。

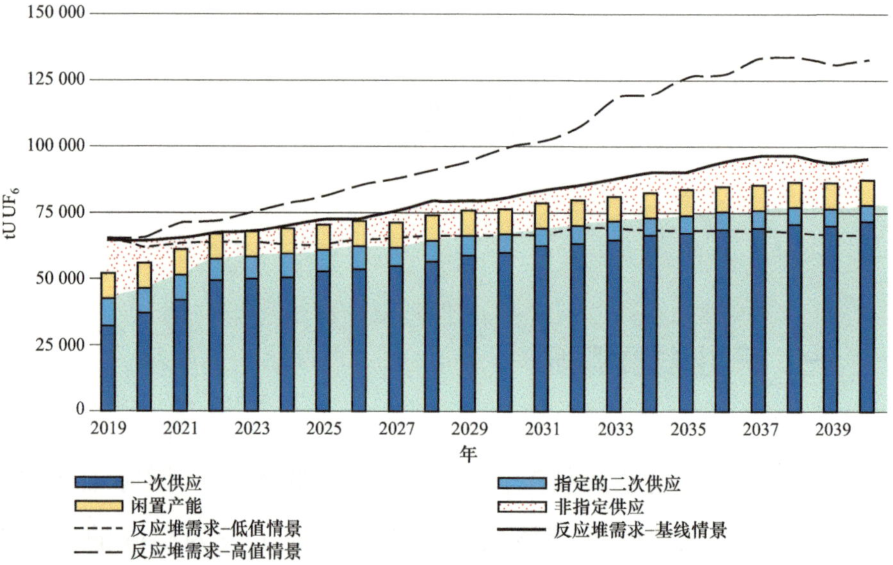

来源：WNA 核燃料报告（2020）

图 2　全球铀转化服务需求量

根据世界核能协会（WNA）统计，2020 年国际主要铀转化供应商总额定产能为 4.7 万 tU/a（UF_6），实际总产量为 2.36 万 tU/a（UF_6），利用率为 50.2%（表 4）。其中，欧安诺集团科莫海克斯一期铀转化厂于 2017 年底停产，科莫海克斯二期铀转化厂于 2018 年底正式投产，额定产能为 1.5 万 tU/a（UF_6），2020 年实际产量为 2 600 tU；卡梅科公司可为轻水堆生产 UF_6，并为重水堆生产 UO_2，其中 UF_6 的额定产能为 1.25 万 tU/a，2019 年实际产量 9 000 tU；康弗登公司梅特罗波利厂额定产能为 7 000 tU/a（UF_6），2020 年实际产量为 0；俄罗斯国家原子能公司的铀转化厂额定产能为 1.25 万 tU/a（UF_6），2020 年实际产量为 1.2 万 tU（UF_6）。

表 4 2020 年国际主要铀转化供应商额定产能与实际产量

铀转化厂商	设计产能/（tU/a）	2020 年实际产量/（tU/a）	利用率
卡梅科公司	12 500	9 000	72%
俄罗斯国家原子能公司	12 500	12 000	96%
欧安诺集团	15 000	2 600	17%
康弗登公司	7 000	0	0%
总量	47 000	23 600	50.2%

来源：WNA 核燃料报告（2020）

全球市场二次供应的来源主要包括三个方面，分别为政府库存、铀浓缩厂与商业库存。其中，政府库存主要来自美国能源部的 UF_6 产品库存；商业库存主要来自核电商持有的 UF_6 产品库存；此外，部分国际铀浓缩厂通过低尾料丰度运行及尾料再浓缩，生产 UF_6 产品，目前在全球市场二次供应份额占比大约为 5%。近些年铀转化二次供应量在市场中占据重要地位，根据统计，二次供应平均每年占全球市场约 35%～50%，大量的二次供应占比将进一步加深市场供大于求的程度，导致铀转化市场价格，尤其是现货价格进一步下降。

对于整个核燃料加工环节，铀转化技术比较简单，仅涉及铀的化学转换。转化设施的造价也远低于铀浓缩设施，因此铀转化的价格也低于其他核燃料加工环节。铀转化市场主要有两大供应区域：北美和欧洲，欧洲供应的铀转化价格普遍高于北美，欧洲铀浓缩供应商在北美购买铀转化服务需要比在欧洲要承担更高的运输费用。

根据世界核能协会的基线情景预测，未来几年核电工业的发展将一直对铀转化服务市场产生积极影响，如图 2 所示，全球对铀转化服务的需求量到 2027 年将增至 7.5 万吨，到 2037 年将接近 10 万吨。

二、加拿大卡梅科公司

（一）铀转化业务概况

卡梅科公司的铀转化业务分两部分，一是为加拿大的 CANDU 重水堆提供 U_3O_8 到 UO_2 的转化服务（无需浓缩，因此不用转化为 UF_6）；二是面对轻水堆燃料市场从 U_3O_8 到 UF_6 的正常转化，该公司拥有全球约 25%的 UF_6 转化能力。其铀转化业务一直在根据市场价格的变化和西方的总体供应情况确定其年产量。2020 年，除了 4 月新冠肺炎疫情高峰期短暂停工之外，卡梅科公司位于加拿大安大略省霍普港的 UF_6 转化厂一直运行良好。自 2018 年以来，由于价格上涨、市场需求增加以及其他转化服务供应商的产量下降，卡梅科公司的产量大幅上升。2022 年初以来，铀转化现货价格上涨 65%，长期价格上涨 25%。

（二）铀转化产业相关经济指标

在 2021 年 2 月发布的 2020 年度财务报告中，卡梅科公司称，其燃料服务部门 2020 年总产量为 1.17 万 tU，其中包含 UF_6、UO_2、UO_3 和燃料生产，比 2019 年减少了 12%（约 0.16 万 tU）。由于在这个总数中 UO_2 的转化量将占 0.15 万～0.2 万 tU，因此 2020 年卡梅科公司霍普港转化厂的 UF_6 产量约为 1 万 tU 左右。其铀转化产业主要经济数据见表 5。

表 5 2020 年卡梅科公司燃料生产经济指标与上年度对比一览

铀转化厂商	2020 年	2019 年	变化比例/%
总产量/tU	1.17 万	1.33 万	–12
销售量/tU	1.35 万	1.41 万	–4
平均现货价格/（加元/kgU）	27.89	26.21	6
平均单位成本/（加元/kgU）	20.76	19.84	5
总收入/百万加元	377	370	2
毛利润/百万加元	96	90	7
毛利润/%	25	24	4

来源：卡梅科公司年度报告 2020

卡梅科公司 2021 年的计划燃料产量为 1.25 万～1.35 万 tU，其中 UF_6 可达 1.05 万～1.1 万 tU，前提是生产不会因新冠肺炎疫情大流行或其他原因造成生产中断。目前尚无迹象表明卡梅科公司的产量会受到任何重大运营事件的影响。卡梅科公司还将继续通过其 UF_6 库存和持续购买 UF_6 转化服务来补充霍普港转化厂的产量，以兑现对客户的承诺。

（三）铀转化产业发展战略

在铀转化方面，卡梅科公司的战略重点是通过签订反映当前价格的新的长期合同来保持和优化其在该业务领域的盈利能力，使其能够始终如一地支持和满足客户的长期需求。此外，卡梅科公司还在为 UO_2 和燃料制造业务开拓非传统市场，并一直在积极促成新的支撑加拿大核反应堆翻新的合同。以铀转化业务为主的燃料服务部门对卡梅科公司有着战略重要性，因为它为客户提供的一系列产品和服务有助于公司拓宽业务关系，拓展市场份额。2021 年，其铀转化业务继续保持增长，公司更加关注先进技术及其应用，以提高效率并降低整个组织的成本，并通过使用数字和自动化技术来提高运营效率。

（四）铀转化产业发展动向

应对疫情进行临时调整。由于新冠肺炎疫情的影响，卡梅科公司 2020 年对其位于安大略省的燃料服务部门设施实施了临时性的运营调整。霍普港转化厂被置于临时安全关闭状态，期间进行了一些维护工作。公司还同时关闭了布兰德河纯化厂。由于新冠肺炎疫情筛查协议的实施，这两座工厂面临日益严峻的人员短缺问题。关停四周后，霍普港 UF_6 转化厂和布兰德河纯化厂重新开始生产，并逐步恢复正常生产水平。该措施有效地降低了新冠肺炎疫情的传播，仅在 2020 年底疫情暴发病例激增期间出现了少量新冠肺炎病例，工厂运营没有再受到严重影响。

采取措施加强风险管理。2021 年，卡梅科公司将工作重点放在管理铀转化业务的运营风险和其他风险，包括由新冠肺炎疫情及其相关运营风险造成的燃料服务运营、生产能力、劳动力、供应链及服务等方面的风险。公司为霍普港 UF_6 转化厂和布兰德河纯化厂重新申请运营许可，原本于 2022 年 2 月到期的许可证被更新至 2027 年，以确保生产不会出现任何中断风险。

持续开发长期合同。随着地缘政治的复杂化和核燃料供应市场的继续转型，卡梅科公司在铀转化服务方面将继续寻求建立长期合同，并通过运营提升利润率来满足不断增长的需求。公司在 2022 年进行了一系列重要的市场拓展工作，并将继续保持战略耐心争取获得更多长期合同。

三、法国欧安诺集团

（一）公司发展概况

欧安诺集团的前身是新阿海珐公司，是法国一家国有核能与可再生能源公司，总部位于巴黎拉德芳斯。2018 年重组更名为欧安诺集团，其业务重新聚焦到核燃料的开发以及废物管理，欧安诺集团的铀矿冶及转化浓缩业务均位列世界前三，在乏燃料再循环及核物流领域也是龙头企业，目前正在开发医学应用领域的业务。

（二）公司产业布局

欧安诺集团的年营业额达到 40 亿欧元，经营从原材料到废物处理的核燃料循环全产业链业务，提供高附加值的产品、技术和服务。欧安诺集团力图最大化核燃料循环每个阶段的价值，致力于优化安全性、开发高效乏燃料管理方案。欧安诺集团的工程设计项目团队开发出多种核燃料工程设计专门技术以便提供各种服务，范围从用户支持到全 EPCM 任务（工程设计、采购、建造、管理）。欧安诺集团重点产业包括铀转化浓缩、乏燃料再循环、核物流、核设施退役以及核工程师设计。

（三）公司主要经济指标

欧安诺集团 2020 年收入为 36.84 亿欧元，与 2019 年相比下降了 2.7%，EBITDA 利润率为 25.3%，比去年上升了 1.6 个百分点。

同时欧安诺集团2020年的经营活动现金流量净额为1.44亿欧元，相对比2019年的2.19亿欧元，下降了0.75亿欧元（表6）。其中铀转化业务收入和利润有较大下滑，主要是因为马尔维希铀转化厂的罢工带来了负面影响。2020年10月，马尔维希铀转化厂发生了工人罢工。此前欧安诺集团努力在其整个法国工厂内对工会雇员实行新的养老金条款和其他条款。在马尔维希厂，有30名工人发起了抵制新合同规定的运动，最终导致欧安诺集团对80名工人实施停工处理，并在11月初全面停止了UF_4的生产。产量上的损失，加之无法向特立卡斯坦的菲利浦–科斯特转化厂运送UF_4，导致该工厂也进入了停产状态，直至年底，欧安诺集团管理层和罢工工人才达成了协议，2021年1月初工厂才重新投入运营。

表6　欧安诺集团2019—2020年财务数据（摘要）

单位：百万欧元

项目	2020年	2019年	变化比例
收入	3 684	3 787	–2.7%
运营收入	340	468	–27.4%
EBITDA	931	900	3.4%
归属于母公司所有者的调整后净收入	–91	–145	37.2%
归属于母公司所有者的净收入	–70	408	–117.2%
经营活动现金流量	548	702	–21.9%
经营活动现金流量净额	144	219	–34.2%
未交货订单总金额	26 994	29 944	9.9%
（净负债）/净现金	–2 146	–2 191	2.1%

来源：欧安诺集团年度财报2020

（四）公司发展战略

欧安诺集团最大的优势之一是拥有一个具有转化和浓缩功能的综合工业平台。在铀转化方面，公司坚持低碳环保发展战略，并努力开拓欧洲及美国市场，通过获取长期合作订单促进发展。

在低碳发展方面，欧安诺集团投资 50 多亿欧元在特立卡斯坦建设菲利浦 – 科斯特转化厂，该厂结合了安全、环境和改善工业性能方面的技术创新，适配最新的法规要求，取得了优异的环保成效，符合欧安诺集团的企业社会责任目标。自 2005 年以来，耗水量下降了 90%，CO_2 排放量下降了 80%。菲利浦 – 科斯特转化厂的额定产能是 15 000 tU，占全球总产能的 1/4，虽建成初期实际产能远低于额定产能，但随着产量不断提升，预计未来将有足够的初级产品供应，辅之以二次资源，生产能力可以满足市场需求。新厂现代化和高效的转化服务使欧安诺集团加强了在铀转化市场的地位。

在市场开拓方面，欧安诺集团注重开发长期客户。2020 年上半年，欧安诺集团与欧洲和美国的 6 家核能公司签订了大量转化订单，涵盖了整个十年期，与亚洲核能企业的合同谈判也在持续进行。欧安诺集团还决定在马尔维希厂建造新的 UO_2 生产线，预计将于 2022 年中完工，从而使欧安诺集团能够向其梅洛克斯混合氧化物核燃料制造厂供应自己的 UO_2 原料。

（五）公司发展动向

2021 年，欧安诺集团总营业额为 47.26 亿欧元，较上一年涨幅超 25%，尤其是国际客户业务有大幅增长。菲利浦 – 科斯特转化厂产量的增加也带动收入上涨。

2022 年，随着净零排放目标和能源安全形势需要，法国重申坚持核能和可再生能源的开发与利用。法国政府持有欧安诺集团超过 45%的股份，将进一步加大对核燃料循环前段产业的投入，通过收购其他技术公司及建立创新中心等方式扩大欧安诺集团的产品类别和服务范围，在能源转型和循环经济领域为欧安诺集团提供支持。

四、俄罗斯 TENEX 公司

（一）公司发展概况

TENEX 公司成立于 1963 年，是世界上主要的铀产品供应商之一，归属于俄罗斯国家原子能公司。俄罗斯的铀转化服务主要由该公司负责运营，将俄罗斯核燃料产供集团下属的铀转化工厂——西伯利亚化学联合体生产的铀转化产品提供给国际市场。

（二）公司产业布局

TENEX 公司为客户提供铀转化浓缩服务，以及处理再生铀和其他非标准规格的含铀材料，产品用于研究堆和核电站。近年来，TENEX 公司还向全球市场推广环保技术解决方案，在乏燃料管理、放射性物质的后处理和提取、干法贮存系统的元件以及乏燃料运输等领域开拓新市场。

（三）公司主要经济指标

2021 年，TENEX 公司从其长期建立和新推出的业务领域中获得的收入超过26亿美元，关键绩效指标打破了历史纪录。一年中与7个国家的客户签订了31份新的铀产品供应合同，海外订单组合已累计达到220亿美元，实现了其进出口计划的所有目标，国际市场供应商的地位日渐稳固。另一方面，TENEX公司开展了升级扩建等现代化工作，以解决西伯利亚化学联合体的铀转化设备不断老化的问题，提升了转化工艺效率，使2021年铀转化部分的利润有所提升。

（四）公司发展战略

TENEX公司实施旨在提高经济效率的铀资产组合优化战略。2021年，TENEX公司与美国铀能源公司签订了一系列出口配额合同，根据其核心业务提供铀产品，以履行合同义务，并参与竞标程序。为了发展TENEX公司的物流，特别是欧亚过境走廊、NFC物流，JSC与FESCO运输集团和海参崴商业港口签订了多项合作协议，以实现从俄罗斯到亚太国家的国际多式联运。TENEX公司还坚持探索可持续发展道路。2021年9月，TENEX公司通过了新版本的供应商行为准则，整合了最新的国际要求和可持续发展原则。

TENEX公司采取措施提高铀转化效率。公司对西伯利亚化学联合体的转化工艺过程进行了现代化改造，以提高可靠性并增加容量来满足转化需求。由于逐步淘汰使用UF_4作为原料，净化能力受到限制，西伯利亚化学联合体从安加尔斯克电解化学联合体购买设备，通过增加第四个系列的电解系统来解决这个问题，以提高西伯利亚化学联合体的转化能力。TENEX公司称其转化能力是以前的1.5倍。

（五）公司发展动向

2020 年 4 月，俄罗斯批准了在 TENEX 公司参与下制定的“新材料和新物质技术”领域的高科技发展路线图。文件包括在锂业务领域的项目，并为其发展开辟了新的视野。

2020 年 10 月，俄罗斯国家原子能公司和美国商务部签署了一项新的修正案，对 1992 年达成的暂停对俄罗斯铀进行反倾销调查的协议进行了修订，该协议对俄罗斯铀产品向美国的供应进行了监管。由美方发起的 2020 年修正案将协议延长至 2040 年。这项修正案为 TENEX 公司经营的俄罗斯铀产品进入美国市场制定了可预测的规则，以实现战略共赢。达成的协议允许俄罗斯供应商完全履行其现有的合同义务，其中一些合同规定在未来十年内交货，并竞争新的长期订单。这一协议为 TENEX 公司与美国客户的长期合作提供了一定的法律保障。

第四章

铀浓缩领域

一、产业发展概况

由于铀浓缩技术具有战略敏感性以及资本密集性，一定程度上限制了铀浓缩供应商的加入。目前，国际市场主要有 3 家商业铀浓缩服务一次供应商：俄罗斯国家原子能公司（Rosatom）下属的俄罗斯核燃料产供集团、欧洲铀浓缩公司与法国欧安诺集团。铀浓缩的二次供应在全球市场的比重不大，目前一部分来源是福岛核事故导致一些核电机组提前关停而滞留下来的商业库存，另一部分来源是美国能源部高浓铀稀释后的低浓铀产品、后处理回收铀与混合氧化物（MOX）燃料。

根据世界核能协会统计，截至 2020 年底，国际主要铀浓缩供应商总额定产能约为 5.4 万 tSWU。其中，俄罗斯国家原子能公司铀浓缩全球产能最大，约为 27 654 tSWU；其次是欧洲铀浓缩公司在英国、德国、荷兰、美国均建有铀浓缩厂，总产能约 18 320 tSWU；法国欧安诺集团产能约 7 500 tSWU。另外还有日本、巴西的铀浓

审核：王黎明，中核集团战略咨询委委员。

缩供应商，总产能约为 66 tSWU（表 7）。

表 7　2020 年国际市场主要铀浓缩供应商产能

铀浓缩厂商	额定产能/tSWU
欧安诺集团	7 500
欧洲铀浓缩公司	18 320
俄罗斯国家原子能公司	27 654
其他（日本、巴西等）	66
总量	53 540

来源：UxC 转换和浓缩供应商评估

从整体铀浓缩市场分析，铀浓缩现货价格在 2011 年 3 月高达 155 美元/kgSWU，处于峰值状态，之后呈现下跌的趋势，2018 年 8 月指数下跌至 34 美元/kgSWU。据统计，近 5 年全球平均运行尾料丰度约为 0.13%，低于平均交易尾料丰度 0.23%。部分铀浓缩供应商通过低尾料丰度运行和尾料再浓缩，利用过剩浓缩能力生产销售天然铀产品，以获得一项替代收入。2019 年后铀浓缩价格呈回升趋势，2020 年 12 月，铀浓缩现货价格达到 51.50 美元/kgSWU，2022 年上涨至 56 美元/kgSWU。

从国际各区域市场分析，随着主要核电国家先后作出净零排放承诺，核电发展受到重视，对浓缩铀的需求呈上升趋势。美国多家电力公司承诺 2050 年实现净零排放，并认为核能将在其中发挥巨大作用。美国商务部和俄罗斯国家原子能公司已就 2021 年至 2040 年美国的铀进口量达成最终协议，该协议已于 2020 年 12 月得到美国政府的立法支持；法国电力集团计划推出一种新的、制造成本更低的欧洲压水堆；英国发布了绿色工业革命“十点计划”及《能源白皮书》支持核能的发展；荷兰计划增加核能的应用，计划 2025 年之前建设不超过 10 座核电站以及为核能项目提供国家资金补贴；瑞典计划将 5 个反应堆的寿命延长到2045年之后；波兰打算建设和运营波兰第一座核电站；南非计划扩张核工业的发展，目前已有核电站取得许可运营至 2024 年，库贝赫的核电站延寿正在谈判中，同时计划批准采购2 500 MW 的核电项目；英国计划到2030年建设10座反应堆。

通过对各国核能计划的探究，可以发现越来越多的国家计划增加核能的利用以及战略布局，从而导致铀浓缩的需求增加，进而影响铀浓缩的价格升高。

二、俄罗斯核燃料产供集团

（一）公司发展概况

俄罗斯核燃料产供集团成立于1996年，归属于俄罗斯国家原子能公司，是世界上最大的核燃料供应商之一，也是俄罗斯所有核电站、船舶和研究用反应堆的垄断性燃料供应商。其为15个国家的75个核反应堆以及9个国家的研究堆提供燃料。

（二）公司产业布局

俄罗斯核燃料产供集团负责俄罗斯4个浓缩厂的建设和运行，元件厂生产适用于各种操作类型的核燃料组件，开展俄罗斯动力装置（VVER、BRMK、EGR）的核燃料组件研究和海上反应堆、压水堆以及 TVS-K 燃料设计。公司向俄罗斯、欧洲等国家和地区的75 个反应堆供应核燃料，并拥有独立的运输能力。除核心的核燃料产品外，公司还在冶金、机械制造、化学和电力工程学四大领域向俄罗斯和全球市场供应非核工业产品。

（三）公司主要经济指标

2019 年，俄罗斯核燃料产供集团总收入较上年提高了约 19%，净利润提高了约 8%，主要贡献来自于核燃料及其组件的销售（65.1%）以及铀转化和浓缩服务（16.9%）。2020 年以后的经营数据未公开发布，但根据俄罗斯国家原子能公司内部出版物 Strana Rosatom 的数据，其燃料部门俄罗斯核燃料产供集团的十年期出口订单组合在 2020 年总计 157 亿美元，与 2019 年的 139 亿美元相比增长了 13%，表明其国际业务发展趋势向好（表 8）。

表 8　俄罗斯核燃料产供集团 2018—2019 年财务数据（摘要）

单位：千卢布

科目	2019 年	2018 年
收入	198 517 131.00	166 739 292.00
支出	139 598 424.00	38 786 311.00
利润总额	58 918 707.00	55 459 603.00
调研支出	3 706 844.00	4 203 168.00
管理费用	56 147 689.00	50 839 899.00
其他运营收入	5 690 311.00	4 270 529.00
其他运营支出	23 985 978.00	22 333 017.00
股权收益/亏损	1 234 700.00	–1 244 902.00
税前利润	58 918 707.00	55 549 603.00
税	11 237 135.00	11 287 899.00
净利润	47 681 572.00	44 171 704.00

来源：俄罗斯核燃料产供集团财务报表 2019

（四）公司发展战略

一是加强技术创新，降低燃料成本。俄罗斯核燃料产供集团建立了商用快堆，该战略的基础是通过在核燃料循环中加入钚和再循环铀，节省原材料并提高经济效益。同时还将对来自热中子反应堆核废物进行处理，减少废物量。同时俄罗斯核燃料产供集团工程师加强其他研发项目的研发，进行技术创新，降低燃料总成本，包括新型气体离心机的研发，优化为西方设计的反应堆配套的 TVS-K 燃料组件，发展用于小型核电站系统、液态堆以及浮动反应堆新型核燃料，研发核动力破冰船堆芯的核燃料。

二是改进核燃料性能。2019 年，俄罗斯核燃料产供集团核燃料研发经费为 2 467 万美元。主要研究集中在研发新的核燃料和堆芯结构，尤其是针对 VVER-1000/2000 模型。为 VVER-1200 反应堆提供的核燃料使该反应堆能够在负荷跟踪模式下灵活调整换料周期，包括 AES-2006 型每日基荷浮动调节。为 VVER-440 反应堆提供第二代 8.0 mm 直径核燃料元件，使该反应堆能够在核燃料低浓缩条件下保持机组的发电功率，或者维持功率不变，减少需要装载的燃料组件数目。VVER-1000 燃料组件呈网状布局，轴向安装控制棒，使用 VVER-440 堆型的反应堆准备引进第三代燃料组件。

同时，俄罗斯核燃料产供集团还对其他类型的核燃料和堆芯结构进行研究开发。TVSA-PLUS 和 TVS-2M 先进核燃料通过提高使用寿命来改进核电运行的技术性和经济性。VVER-440 的第二代和第三代核燃料可以将大功率反应堆的燃料周期延长 5～6 年。用于 KLT-4 反应堆的核燃料其铀-235 丰度低于 20%，满足核不扩散的要求，该反应堆技术基于船舶动力装置技术，俄罗斯核燃料产供集团同样为研究堆提供低浓度的核燃料。

（五）公司最新发展动向

俄罗斯核燃料产供集团致力于开展广泛的国际合作。2021 年，公司与哈原工合资的铀浓缩中心（UEC）首次向哈萨克斯坦的乌尔巴燃料装配厂供应浓缩铀产品。根据双方合同，公司下属的乌拉尔电化学联合公司为乌尔巴燃料装配厂提供商业化低浓铀，从俄罗斯的新乌拉尔斯克运输至哈萨克斯坦的乌斯特卡门诺戈尔斯克，合作将长期化进行。此前，UEC 于 2019 年为原子能机构低浓铀银行提供了浓缩铀，该银行位于乌斯季卡缅诺戈尔斯克乌尔巴冶金厂。公司认为 UEC 项目证明了其在当前市场条件下的铀浓缩服务效率，有助于进一步发展俄哈在核燃料循环方面的合作。

研发新设备提升铀浓缩能力。俄罗斯核燃料产供集团下属的科夫罗夫机械厂位于弗拉基米尔地区的科夫罗夫，负责生产系列气体离心机，用于提升公司的铀浓缩能力。该公司于 2016 年在乌拉尔气体离心机厂有限公司的基础上成立，由新乌拉尔斯克科学与工程中心有限公司、电化学转换器厂有限公司、乌拉尔核糖有限公司、JSC OKB Nizhniy Novgorod 和 JSC“Centrotech SPb”合并而成，是俄罗斯铀浓缩气体离心机开发和制造以及非核产品生产领域的综合生产和工程综合体，支持产品从销售到处置的整个生命周期。该公司生产气体离心机的完整零件、乏核燃料贮存设施的产品以及一般工业项目。目前，公司生产的第 9 代气体离心机是铀同位素分离的高效设备。

三、法国欧安诺集团

（一）铀浓缩业务概况

欧安诺集团通过位于特里卡斯汀的乔治 • 贝斯Ⅱ铀浓缩厂进行铀浓缩，该厂拥有 2 500 位员工，占地面积约 650 公顷。目前该厂拥有两座基于离心技术的铀浓缩生产单元，可以为客户提供浓缩天然铀、贫化铀和回收铀的产品及服务，该工厂保持每年 7 500 tSWU 的生产水平。

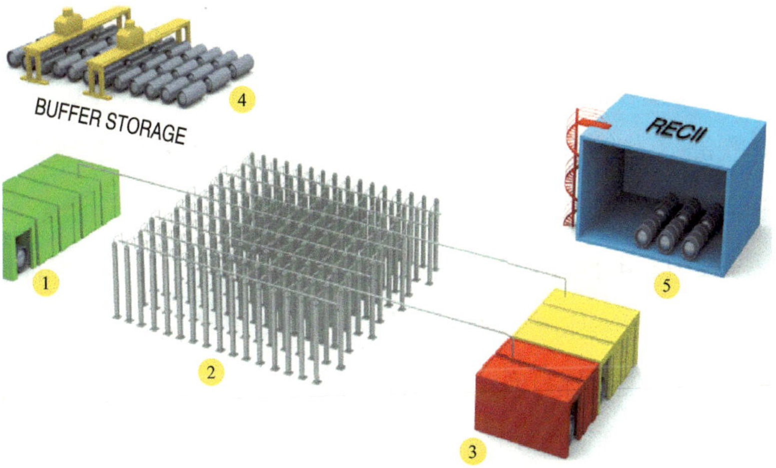

来源：欧安诺集团

图 3　通过离心技术实现铀浓缩过程

（二）铀浓缩产业相关经济指标

欧安诺集团的年度经营数据如表 6 所示，2020 年收入为 36.84 亿欧元，与 2019 年相比下降了 2.7%，EBITDA 利润率为 25.3%，比 2019 年上升了 1.6 个百分点。欧安诺集团铀浓缩出口业务占总业务的 60%，截至 2020 年底，收入近 10 亿欧元，并且已经有累计超过 10 年的订单。

（三）铀浓缩产业发展战略

欧安诺集团致力于为世界各地的核电企业提供铀浓缩相关服务，其发展战略主要聚焦提升技术竞争力和通过降本增效提高市场占有率。

近年来，欧安诺集团累计投资超过 50 亿欧元用于更新其核燃料循环前段尤其是铀浓缩设施，是法国 40 年来最大的工业投资之一，提升了法国核工业的安全环保水平，保障了电力供应，同时助力于法国低碳战略的实现。其中重点工作之一是建设乔治·贝斯Ⅱ铀浓缩厂。该厂是欧洲最大的铀浓缩工厂，取代了同样位于特里卡斯汀的欧洲气态扩散铀浓缩联合会工厂，将 30 多年来基于气体扩散的铀浓缩技术升级为超离心技术，在两个新生产单元进行浓缩。该工厂于 2011 年投产，2016 年底达到满负荷。首次进行的测试证实了设施的高性能水平，收益率超过 99%。其设计能够按照最高的安全和安保标准进行操作，特别是抗震、消防和材料防护。旧的气体扩散铀浓缩厂于 2020 年批准拆除，预计过程需要 30 年。拆除工作将包括拆除所有工业设备，其中包括 16 万吨钢、3 万吨金属设备和 1 300 多千米的管道。在拆卸作业之前，将在旧厂房内安装加工装置，用于切割和压实工业设备。此外，欧安诺集团投资 3 亿欧元在 Comurhex Ⅱ项目建造了 3 个新的工艺区，符合了最新安全标准，同时减少了 75%氨消耗量、回收了 50%的硝酸等有效的环保措施。新的离心铀浓缩技术使欧安诺集团能够供应低成本铀浓缩产品，并在安全环保方面更具竞争力，从而增加市场占有率。

在市场发展上，欧安诺集团在核燃料循环的每个阶段都最大化其价值，不论是作为重要的天然铀供应商或是为客户提供特定的铀转化和浓缩服务方面。欧安诺集团还致力于开发同位素生产等新兴产业。近 60 年来，在铀浓缩方面获得的专业知识有助于同位素实验室的迅速建立，并增强欧洲在这一领域的竞争力。这些同位素可被用于医学领域（癌症的诊断和治疗）、工业部门（提高激光性能）和基础研究领域（量子计算）的各种应用。

（四）铀浓缩产业最新发展动向

2022 年，欧洲能源供应形势严峻，欧安诺集团意识到铀浓缩是为核电厂提供燃料的关键步骤之一，其战略性质是为了欧盟的供应安全，最终也是为了其能源独立和安全，因此格外重视该产业的发展。欧安诺集团生产的浓缩铀每年为近 9 000 万户家庭提供低碳能源，相当于法国、德国和英国的总和。在欧盟委员会的授权下，欧洲原子能供应机构负责制定铀矿石和核材料供应的共同政策。2020 年 10 月，欧洲原子能供应机构成立了一个高丰度低浓铀工作组，目的是探索商业和工业选择，以发展欧洲的生产能力，欧安诺集团也参与了这项工作，以减轻欧洲运营商在燃料制造方面对单一外国供应商的依赖。

四、欧洲铀浓缩公司

（一）公司发展概况

欧洲铀浓缩公司是铀浓缩的国际供应商，一直以可持续发展为业务发展理念，截至 2022 年，欧洲铀浓缩公司已经在核燃料循环行业经营了 50 多年，致力于实现全球的低碳发电。欧洲铀浓缩公司适应不同国家监管要求，在英国、德国、荷兰和美国设有铀浓缩工厂。欧洲铀浓缩公司拥有数额巨大的市场订单，截至 2020 年合同订单总额约有 90 亿欧元，订单交付期限已经延伸至 2030 年。截至 2020 年 12 月 31 日，欧洲铀浓缩公司实现了 18 300 tSWU/a 的产能，达成了合同约定的交付承诺。

（二）公司产业布局

公司为客户提供浓缩服务、浓缩铀产品、天然铀、转化、U_3O_8、库存等管理服务（图 4），在英国、德国、荷兰和美国拥有 4 处浓缩设施，各地提供多样且安全的燃料供应。欧洲铀浓缩公司下设两家英国子公司，负责核管理。Urenco Nuclear Stewardship 主管材料管理、回收和退役。Urenco ChemPlants 通过新尾料管理设施提供再转化、处理和贮存服务。

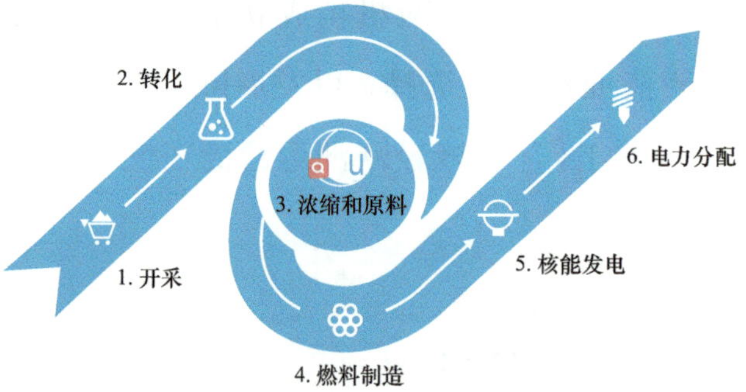

图 4　欧洲铀浓缩公司业务领域

（三）公司主要经济指标

欧洲铀浓缩公司 2020 年度收入为 17.00 亿欧元，较 2019 年下降了约 6%，主要是在铀浓缩方面，2020 年分离功的收入受销量和单价走低影响，减少了 2.266 亿欧元（表 9）。

表 9　欧洲铀浓缩公司 2019—2020 年财务数据（摘要）

单位：百万欧元

科目	2020 年	2019 年	变化比例/%
收入	1 700	1 805	–6
EBITDA	1 088	1 220	–11
经营活动产生的现金流	1 171	1 094	7

续表

科目	2020 年	2019 年	变化比例/%
净收入（扣除非经常性损益前）	531	565	−6
资本性支出	141	151	−7
净债务	456	928	−51

（四）公司发展战略

欧洲铀浓缩公司凭借 100%的交付率及周到的服务，立志成为全球铀浓缩核燃料客户的首选供应商，公司的核心业务仍然是铀浓缩。此外氧化铀、转化服务、天然铀、浓缩铀产品以及库存的存储和管理也是未来业务的重点。未来公司将根据客户需求开展计划，开发未来燃料，使核电站反应堆能够更高效地运行。

欧洲铀浓缩公司高度重视成本压降工作，公司首席执行官在 2016 年报评述中表示，“计划在 2019 年之前实现 3 亿欧元的累积资本和运营成本降低，这将有助于公司维持浓缩服务领域的全球领导地位”。公司在整个集团制定了重组计划，以满足未来的业务需求，降低成本并保持竞争力。公司 2019 年较 2016 年人员减少了 53 人，通过减值和折旧年限的延长来实现资本的积累，同时大幅减少带息负债的金额，并降低财务成本。截至 2020 年底，公司资产总额 66.21 亿欧元（475.94 亿元），负债总额 47.41 亿欧元（340.80 亿元），净资产 18.80 亿欧元（135.14 亿元），资产负债率 71.61%。

欧洲铀浓缩公司降低成本的战略措施主要体现在四个方面。一是保持较高产量，分摊固定成本，发挥规模效应。2018 年产能 18 600 tSWU，最近几年基本保持稳定，仅次于俄罗斯约 26 000 tSWU/a，远高于阿海珐集团的 7 500 tSWU/a，居全球第二位。二是在手长期订单多，锁定未来产能，库存压力小。三是主动调整会计处理方式，降低折旧摊销。对离心机和相关设备的延寿使折旧摊销和计提减值数额降低，从而降低分离功成本。四是通过提前偿还贷款使负债水平快速下降，同时利用综合融资手段，降低财务费用。欧洲铀浓缩公司主要依靠投资银行、私募基金、债券和银行借款，以中长期债券为主，同时采用交叉货币利率互换、外汇合约套保、外汇兑换储备等金融工具，降低财务风险。

（五）公司发展动向

一是尾料管理设施升级。Urenco ChemPlants 获得了英国核监管局的许可制造，对于卡彭赫斯特的尾料管理设施（TMF）的尾料再转化设备进行动态调试。Urenco ChemPlants 将用于生产氧化铀，从而实现铀浓缩过程中产生的副产物的再转化和存储，提升核燃料循环过程中的价值性和清洁性。

二是创立一个灵活、多技能的团队。2020 年欧洲铀浓缩公司创建了一个技术与开发小组，小组团队主要在德国格罗瑙的公司技术中心，部分团队也散落在公司的其他工厂。技术与开发部门不仅负责技术的研究与开发，还兼任资产管理、供应链管理、设计管理、Urenco Nuclear Stewardship 公司的运营，以及信息安全的保护、集团项目的整合、U-Battery Stable Isotopes 公司的运营等一系列工作。

第五章

核燃料元件领域

一、产业发展概况

核燃料元件制造属于定制化产品，不同反应堆供应商所需的核燃料元件也各不相同。按照反应堆类型划分，全球的核燃料元件主要用于轻水堆和重水堆，且以轻水堆燃料制造为主。

受第三代核电项目拖期超概影响，国际核燃料企业普遍出现财务危机。为实现扭亏为盈，西屋电气公司 2017 年申请破产重组，并于 2018 年 8 月被加拿大公司布鲁克菲尔德资产管理公司收购。新阿海珐集团于 2018 年通过重组正式更名为欧安诺集团，旗下反应堆与核燃料元件产业被法国电力集团收购，成立为新的法马通公司。国际核燃料制造行业的产业变革促使老牌核燃料企业进一步在市场中占据更有力的位置，市场的供需平衡正朝着均衡方向发展。

（一）轻水堆燃料

目前全球主要的轻水堆核燃料供应商包括法马通、西屋电气公

审核：王黎明，中核集团战略咨询委委员。

司、全球核燃料公司与俄罗斯核燃料产供集团。韩国核燃料公司市场竞争力正逐渐提升。此外，还有一些国家本土的核燃料元件供应商包括日本三菱重工公司、日本核燃料工业公司、巴西核工业公司、西班牙埃努萨燃料公司、印度核燃料联合体、伊朗核燃料元件制造厂等。

据统计，2020 年国际轻水堆燃料组件总产能约为 1.1 万 tU/a（表 10）（不包含中国）。其中，法马通公司在法国、德国、美国均建有元件厂，总产能为 3 250 tU/a；西屋电气公司在美国、英国、瑞士均建有元件厂，总产能为 2 150 tU/a；全球核燃料公司在美国与日本各建有元件厂，总产能为 1 730 tU/a；俄罗斯核燃料产供集团产能为 1 450 tU/a；韩国核燃料公司产能为 700 tU/a。按照地区划分的话，西欧国家与美国地区产能均为 3 500 tU/a，各占全球 32%；日本与东欧国家燃料组件产能分别是 1 604 tU/a 与 1 450 tU/a，分别占比 14%与 13%。韩国、巴西、印度和伊朗总产能份额占比为 9%。

表 10　2020 年国际主要核燃料元件供应商产能现状

地区	供应商	制造厂	额定产能/（MtU/a）			燃料类型
			粉末	芯块	组件	
西欧	法马通公司	罗芒	1 550	1 400	1 400	PWR
		林根	800	650	650	BWR/PWR
	西屋电气公司	韦斯特罗斯	900	750	750	BWR/PWR/VVER
		斯普林菲尔兹	200	200	200	PWR/AGR
	西班牙埃努萨公司	胡斯瓦多	0	500	500	BWR/PWR/VVER
	西欧总产能		3 450	3 500	3 500	
美国	法马通公司	里奇兰	1 600	1 200	1 200	BWR，PWR
	全球核燃料美国公司	威尔明顿	1 200	1 100	1 100	BWR
	西屋电气公司	哥伦比亚	1 350	1 200	1 200	BWR/PWR/VVER

续表

地区	供应商	制造厂	额定产能/（MtU/a）			燃料类型
			粉末	芯块	组件	
美国	美国总产能		4 150	3 500	3 500	
日本	全球核燃料日本公司	横须贺	0	620	630	BWR
	三菱集团	东海村	450	440	440	PWR
	日本核燃料工业公司	熊取	0	284	284	PWR
		东海村	0	250	250	BWR
	日本总产能		450	1 594	1 604	
东欧	俄罗斯核燃料产供集团	埃列克特罗斯塔尔	750[a]	750[a]	750	VVER/BWR/PWR
		诺沃西比尔斯克	700	700	700	VVER/PWR
	哈萨克斯坦国家原子能工业公司	乌尔巴冶金厂	472	108[b]	0[c]	n/a
	东欧总产能		1 922	1 558	1 450	
韩国	韩国电力核燃料公司	大田	700	700	700	PWR
巴西	巴西核工业公司	雷森迪	160	120	240	PWR
印度	印度核燃料联合体	海得拉巴	25	25	25	BWR
伊朗	伊朗核燃料生产厂	伊斯法罕	30	30	30[d]	VVER
总产能			10 887	11 027	11 049	

注：a：不包括 RMBK 与 FBR 反应堆、印度 PHWR 反应堆的粉末/芯块供应；

b：预测现有产能；

c：哈萨克斯坦计划与中广核在乌尔巴建造产能 200 MtU/a 燃料组件制造厂；

d：伊朗额外为重水研究堆生产 10 tU/a 燃料组件，全球供应并不包括伊朗产能。

来源：UxC 制造业市场展望 2020

（二）重水堆燃料

目前除中国外，国际上共有 6 个国家拥有重水堆核电站及重水堆核燃料元件厂，包括加拿大、韩国、印度、罗马尼亚、阿根廷、巴基斯坦。根据统计，2020 年，国际重水堆核燃料组件总产能为 4 440 tHM/a（表 11）。其中，加拿大产能最大，有两家公司生产重水堆燃料，元件总产能为 2 400 tHM/a；其次是印度，为 1 200 tHM/a。

表 11　2020 年国际主要核燃料元件供应商产能现状

国家	供应商	地址	产能/（MtU/a）		
			粉末	芯块	组件
加拿大	卡梅科燃料制造公司	霍普港	2 800	1 200	1 200
	BWX 技术公司	多伦多	—	1 300	—
		彼得伯勒	—	—	1 200
韩国	韩国电力核燃料公司	大田	400	400	400
罗马尼亚	罗马尼亚核燃料公司	皮特什蒂	200	200	200
阿根廷	阿根廷核燃料公司	埃塞萨	240	240	240
印度	印度核燃料联合体	海得拉巴	1 200	1 200	1 200
俄罗斯	俄罗斯核燃料产供集团	埃列克特罗斯塔尔	200	200	—
总计			5 040	4 740	4 440

来源：UxC 制造业市场展望 2020

二、法国法马通公司

（一）公司概况

在 2018 年之前，法马通公司一直隶属于阿海珐集团。阿海珐集团总部位于法国巴黎，是一家大型综合核反应堆和核燃料公司。

阿海珐集团为独立公司，此前一直活跃在反应堆销售和服务及整个核燃料循环（前段和后段）的各个领域，业务遍及全球。阿海珐集团也涉及一些非核业务，其中最重要的是输配电系统以及可再生能源设备和系统。然而，在几年前，由于面临严重的财务问题，阿海珐集团的结构、组织机构和业务活动都发生了巨大变化，导致了当前迭代——核燃料制造业务重组后归于法马通公司。

2015 年，阿海珐集团宣布了一项由法国政府直接推动的重大资产重组。法国政府持有阿海珐集团 87%的股份。该计划的主要内容包括将反应堆和服务业务集团以及燃料业务部出售给一家由法国国家公用事业公司——法国电力集团控制的新公司。法国电力集团大约 85%的股份由法国政府持有。

2017 年 5 月，上述交易及相关的法国政府注资获得欧盟委员会批准。随后，上述交易于 2017 年 12 月完成，其中，法国电力集团持有新公司（法马通）的大部分股份。其余股份被日本三菱重工和法国艾西斯腾工程公司收购。2018 年 1 月，该公司更名为法国法马通公司。原阿海珐集团的其他部门，包括铀矿开采、转化、浓缩、后段作业（包括混合氧化物燃料制造）、燃料运输和退役部门，在 2018 年单独组建为一家新公司，更名为欧安诺集团。法国政府持有欧安诺集团的多数股份，日本三菱重工公司和日本核燃料有限公司各持有 5%的股份。

（二）公司产业布局

法马通公司包括四个主要业务部门：基础安装部（在运反应堆服务和工程）、项目和部件制造部（新反应堆和部件制造）、卓越运营和燃料部（核燃料制造和燃料部件加工）、区域平台和仪表与控制（I&C）部。这些部门均由独立的工程和设计机构提供支持。

在燃料业务上，法马通公司是一家完全纵向一体化的燃料制造商，利用旗下的锆事业部生产锆合金和燃料组件部件。公司与分包商合作，由后者负责冲压定位格架条带、不锈钢管制造和控制组件用银/铟/镉棒。到 2019 年，法马通公司旗下的公司为世界各地的反应堆制造交付了 22.5 万个燃料组件，其中约 64%用于压水堆，36%用于沸水堆。

法马通公司目前在欧洲经营两家燃料制造厂，分别由其全资子公司法国比利时燃料制造公司和先进核燃料有限公司（德国）负责运营。法国罗芒工厂是一个一体化工厂，生产 UO_2 粉末（利用 DPCTM 干法转化工艺）、芯块和燃料组件。法马通公司称，其 UO_2 粉末年产能为 1 550 MtU，其中 150 MtU 专用于浓缩后处理铀（ERU）。罗芒工厂只制造压水堆燃料及组件的上下管座。德国林根工厂的 UO_2 粉末最大年产能为 800 MtU，芯块和燃料组件最大年产能为 650 MtU。林根工厂生产沸水堆燃料组件和压水堆燃料组件，是法马通公司在欧洲唯一的沸水堆燃料供应厂。林根工厂为一体化工厂，可将 UF_6 转化为 UO_2（干法），也可以制造芯块、燃料棒和组件。自 1977 年开始运行以来，林根工厂已经制造超过 20 000 个燃料组件。

除了燃料制造厂之外，法马通公司还经营着生产锆合金和燃料组件部件的多家工厂。锆产品由锆事业部（前 CEZUS 公司）生产，包含多家工厂：Jarrie（生产海绵锆）、Ugine（生产合金）、Montreuil-Juigné（生产 TREX 管）、Paimboeuf（生产管材）和 Rugles（生产板材和带材），所有工厂均位于法国。组件分别在法国的罗芒工厂（压水堆定位格架）和德国的卡尔斯坦工厂（定位格架、沸水堆和压水堆端部配件以及沸水堆水道）制造。沸水堆燃料由日本日立公司和神户制钢公司以及美国的 Veridiam 公司提供。

自重组以来，除了财务改善工作之外，法马通公司还一直在实施一项全面的产业优化计划，以增强其竞争力。此外，公司还对罗芒工厂和林根工厂进行了交叉认证，以生产现有压水堆燃料设计产品，并对其部件制造商进行了交叉认证，以针对各压水堆设计生产管材、格架等。目前，法马通在法国里昂和德国埃尔兰根设有欧洲燃料设计和工程办事处。另外，法马通公司在卡尔斯坦也拥有实验室设施和临界热通量试验回路。法国和德国办事处负责与美国法马通工厂协调所有设计和工程活动。目前尚不清楚上述安排是否会因近期的重组事件发生任何变化及相应变化程度。

除在欧洲外，法马通公司在美国也经营着制造厂。弗吉尼亚州林奇堡工厂是其在美国的总部，有近 200 名员工，负责提供燃料设计和客户支持服务，包括一个燃料设备服务支持中心。该中心与法马通公司的美国燃料服务在设计、制造、废旧设备翻新和测试设备方面互为补充，提供堆内测量、检查、维修和燃料组件测试服务。在美国沸水堆和压水堆的设计和工程功能部门都设在华盛顿州的里奇兰工厂，与法马通公司在欧洲的业务密切配合。里奇兰工厂是一座一体化工厂，具有转化、制芯和组装能力，生产沸水堆和压水堆燃料组件。UO_2 粉末最大年产能为 1 600 MtU，芯块和燃料组件最大年产能为 1 200 MtU。

（三）公司主要产品

1. 沸水堆燃料

法马通公司的主要沸水堆燃料组件设计是 ARTION 10，这是一个 10×10 的组件，有几种不同的型号，其中最新和最先进的型号是 ARTION 10XM。这些组件适用于瑞典通用电气公司、通用电气和西门子/KWU 公司生产的沸水堆，目前提供给欧洲和美国的法马通公司客户。

2. 压水堆燃料

法马通公司推出了一系列压水堆设计，包括 AFA-3G、HTP（最初来自西门子）以及新的 AGORA。AGORA 组件有两种型号：基于 AFA-3G 的 AGORA A 和基于 HTP 的 AGORA H。最近，法马通公司还推出了 AGORA 设计的升级版——AGORA 5A-I。法马通公司可以提供的燃料棒阵列为 14×14、15×15、16×16、17×17 和 18×18 的燃料组件，因此基本上可以为世界上任何压水堆提供燃料。

改良版 AFA-3G 和 HTP 分别命名为 AFA-3G LE 和 HTP LE。它们和 AGORA HE 是法马通公司新型欧洲压水堆获得许可和第一批堆芯的基准设计。后续燃料重装将根据需要升级到 AFA-3G-I 或 HTP-I 设计。这些最新版本具有多种特性，例如新型超低锡合金和 Q12，可改善法马通公司加长（>12 英尺）燃料组件的机械性能。最终，这些核电站有望采用新的 GAIA 设计。

3. 先进燃料组件

法马通公司还开发了下一代先进燃料组件。采用 11×11 阵列的沸水堆用 ATRIUM 11，目前正处在辐照处理状态，因为先导燃料组件最初装载在瑞士的莱布施塔特核电站机组和芬兰的奥尔基洛托核电站 1 号机组。在美国，先导燃料组件也在布伦瑞克核电站和布朗斯费里核电站进行辐照处理。自 2017 年以来，欧洲已经可以重新装载燃料，美国也于2019年准备就绪。2018年，法马通公司与美国塔伦能源公司签署了一份合同，约定为萨斯奎汉纳核电站的两台机组提供ATRIUM 11燃料重装服务。2020年，法马通公司与美国田纳西河流域管理局签署了一份合同，约定为后者的布朗斯费里核电站提供ATRIUM 11燃料重装服务。这是第三家改用ATRIUM 11组件的美国公司。

关于压水堆用GAIA设计，2012年，在瑞典的灵哈尔斯核电站3号机组上作为先导燃料组件开始进行辐照处理；2017年，法国电力集团开始在其一个容量为1 300 MWe的机组上对其进行辐照测试。2015年春，美国杜克能源公司旗下的希伦哈里斯核电站安装了8个GAIA先导燃料组件。希伦哈里斯核电站为西屋电气公司所建，是一个17×17机组。这个美国项目的独特之处在于，法马通公司成立了一个客户技术咨询委员会，为GAIA引入美国提供技术指导。除了美国杜克能源公司，该委员会还涵盖了美国以下几家能源公司：道明尼能源公司、爱克斯龙公司、第一能源公司、公共服务企业集团核能公司和南方电力公司。预计将在2020年实现GAIA燃料重装。

除了沸水堆和压水堆用燃料组件外，法马通公司还在燃料工程服务、规范和测试领域拥有全方位的能力，并通过这些能力为其全球客户提供服务。

（四）公司发展战略

1. 全面的燃料供应

原阿海珐集团业务涉及核燃料循环的各个领域，因此可以向其客户提供全面的燃料供应服务，包括铀、转化、浓缩、制造、后处理和/或铀及钚回收的捆绑式合同。阿海珐集团重组以及法马通公司和欧安诺集团拆分后，这种综合性合同不再成为主要营销产品，但两家公司仍可通过合作为潜在新核电站客户（比如在印度或沙特阿拉伯）提供综合服务。此前在 2012 年，公司成功签署了一份捆绑合同（于 2014 年延期）——为美国埃克西尔能源公司蒙蒂塞洛核电站沸水堆提供全面的前段服务。

2. 顺应市场扩大潜在客户群

2018 年，法马通公司与法国电力集团签署合同，约定为其在 2023 年至 2032 年期间供应基于浓缩后处理铀的燃料组件。上述浓缩后处理铀将通过升级法国电力集团所拥有的后处理铀来生产，为此，已与俄罗斯的 TENEX 公司和欧洲铀浓缩公司分别签署了合同。法马通公司为此对其法国罗芒工厂进行改造，以适应浓缩后处理铀的大批量处理。

2019 年，法马通公司在美国的长期客户戴维斯－贝瑟核电站受益于俄亥俄州核补贴法案，其 B&W 反应堆免于提前关闭，使法马通公司趋于萎缩的在美业务得以延续。

2022 年，法国制定坚持核能和可再生能源开发与利用的政策，决定在未来几十年建造多座新 EPR-2 反应堆，利好法马通公司未来在法国的经营。除了在维持现有客户群和增加燃料设计产品方面取得良好进展外，法马通公司还积极拓展新的领域，包括供应小型模块化反应堆燃料和成立合资企业 Enfission 公司以应对新的挑战，通过创新的方式扩大其潜在客户群。

（五）公司发展动向

在美国和欧洲，法马通公司一直致力于耐事故燃料和其他先进的燃料设计。根据公司的 PROtect 计划，耐事故燃料设计分为短期版和长期版。短期版包括氧化铬强化芯块和镀铬包壳；长期增强型耐事故燃料设计被称为“PROtect SiC”，特征是带碳化硅包壳的氧化铬强化芯块。法马通公司最初计划为压水堆用 GAIA 燃料设计添加这些组合特征。目前，氧化铬强化芯块是作为沸水堆用 ATRIUM 11 燃料的一部分供应的。2018 年 6 月，法马通公司开始在美国能源部爱达荷国家实验室的先进试验堆上测试这两种技术，目的是提供数据，证明增强型耐事故燃料设计的合理性，最终获得美国核管理委员会批准。2019 年 1 月，美国能源部向法马通公司提供了总额 4 900 万美元、分 28 个月拨付的开发资金，以帮助加速其增强型耐事故燃料的开发和商业化。2019 年 3 月，南方电力公司使用法马通的氧化铬强化芯块和镀铬包壳将标准长度燃料棒装入沃格特勒核电站 2 号机组，这些标准长度燃料棒生产于 2018 年 10 月，是世界上第一批装载到商业反应堆中的耐事故燃料概念产品。

同时，法马通公司与美国光桥公司密切合作，进一步开发光桥公司设计的金属燃料技术。该技术旨在通过提升功率和延长燃料循环来提高安全性和经济性。为此，两家公司于 2018 年 1 月共同成立了一家合资企业——Enfission 公司。Enfission 公司拥有该技术的专有权，负责针对轻水堆等堆型开发制造工艺和设计燃料组件。2018 年 8 月，Enfission 宣布，在法马通公司旗下里奇兰燃料制造厂启动新工厂的筹备工作，建成后，将利用基于光桥公司专利的金属燃料为美国核电站制造燃料组件。2019 年 5 月，法马通公司称收到了美国能源部拨款，用于支持前者与爱达荷国家实验室合作开发光桥燃料。在为期 12 个月的时间里，法马通公司和爱达荷国家实验室凭借这笔拨款开展工作，以生成基于光桥燃料概念的失效模式与影响分析和现象识别与排序表，为获得先进燃料产品许可证积累必要条件。

三、全球核燃料公司

（一）公司概况

全球核燃料公司过去整合了通用电气公司、日立公司和东芝公司的所有沸水堆核燃料业务。然而，反应堆销售和服务仍由三家母公司提供。据 UxC 资料，全球核燃料公司约 51%的股权目前由通用电气公司持有，而其余约 49%的股权则由日立公司持有，东芝公司已于 2018 年初退出这家合伙企业。全球核燃料公司总部位于美国北卡罗来纳州威尔明顿，旗下有两家子公司：总部位于美国北卡罗来纳州威尔明顿的全球核燃料美国公司，以及总部位于日本横须贺的全球核燃料日本公司。

（二）公司产业布局

全球核燃料美国公司包含通用电气公司所有的核燃料营销、设计、制造和服务职能，致力于服务美国、欧洲、墨西哥等市场。全球核燃料日本公司运营着原来的日本核燃料制造厂，并整合了日立公司和东芝公司的燃料销售、工程和服务职能。目前，日本公司只服务日本市场。

全球核燃料公司及其母公司历来只专注于反应堆和燃料的沸水堆市场。然而，2006 年，当东芝公司收购压水反应堆及燃料的主要供应商美国西屋电气公司时，这三个合作伙伴之间的态势明显发生了变化。通用电气公司和日立公司随后建立了自己的沸水反应堆、工程和服务合资企业，即通用电气－日立核能公司。2018 年初，东芝公司在出售西屋电气公司股权后成为日本核燃料工业公司的唯一所有者，至此，东芝公司似乎已经不再参与全球核燃料公司的事务。根据 UxC 最新研究显示，种种迹象表明，全球核燃料公司当前由通用电气公司和日立公司单独运营和控制（图 5）。此外，2020 年初有报道称这两家公司正在努力将全球核燃料公司的资产和负债并入通用电气－日立核能公司。

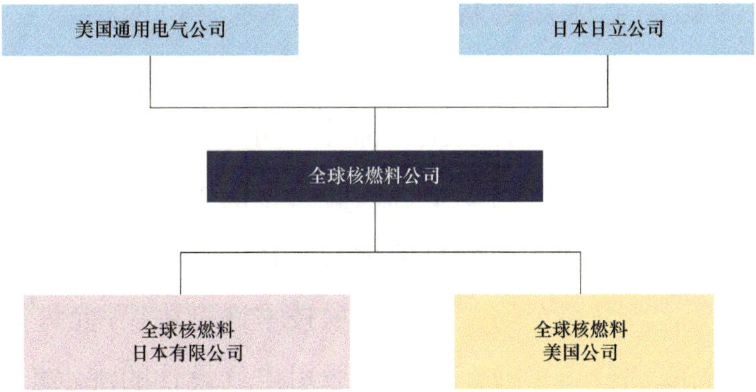

来源：全球核燃料日本公司

图 5　合资企业全球核燃料公司的结构

2016 年，全球核燃料美国公司与俄罗斯核燃料产供集团合作，在美国经销俄罗斯核燃料产供集团为西方压水堆设计的燃料。虽然这让全球核燃料公司首次进军压水堆市场，但鉴于美俄紧张局势持续，美国使用俄罗斯核燃料产供集团燃料的前景还面临着极大挑战。

1. 美欧

全球核燃料美国公司在北卡罗莱纳州威尔明顿经营一家沸水堆燃料制造厂。芯块和燃料组件标称年产量为 1 100 MtU。这是一个全集成的工厂，生产芯块以及管材、格架、燃料通道和其他组件。在 21 世纪初，曾经共同组建全球核燃料公司的三家公司（东芝、日立和通用电气）在同一地点组建了一个标称年产量为 1 200 MtU 的干法转化设施——联合转化公司，向威尔明顿以及日本的全球核燃料日本公司设施提供 UO_2 粉末。另外，它也向日本核燃料工业公司提供 UO_2 粉末。

全球核燃料公司及其母公司旗下都没有生产基础锆合金的子公司。因此，全球核燃料公司从法马通公司的锆事业部（原 CEZUS）、西锆公司（西屋电气公司）和位于美国俄勒冈州奥尔巴尼的独立供应商 ATI 特种合金和部件公司购买材料。

全球核燃料美国公司在欧洲没有自己的生产设施，其部分欧洲沸水堆客户由威尔明顿工厂供应燃料。1972 年，通用电气公司与西班牙埃努萨核燃料公司签署了一项技术许可协议，允许后者在欧洲制造并向欧洲公用事业公司销售通用电气设计的沸水堆燃料。直至今日，该协议仍在 GE ENUSA 核燃料公司框架下执行。

全球核燃料公司为其燃料提供全面的技术支持服务，包括燃料和堆芯设计、安全分析和许可支持、燃料管理等。它的主要工程和设计办公室设在威尔明顿的制造厂，由当地实验室设施以及一些加州研发机构提供支持。全球核燃料美国公司在工程和设计工作方面与全球核燃料日本公司协调配合。与其他大型供应商一样，全球核燃料公司正在开发适用于全公司的先进分析方法，以集其美国和日本产品之长，并改进该融合产品。公司的首要目标是为全球核燃料公司下属公司所在地的客户提供全面支持。

2. 日本

全球核燃料日本公司在日本神奈川县横须贺市内川经营一家沸水堆燃料制造厂，其前身是日本核燃料制造厂。据报道，全球核燃料日本公司燃料芯块的标称年产量为 620 MtU，燃料组件的标称年产量为 630 MtU。该工厂使用的大部分 UO_2 粉末由联合转化公司位于威尔明顿的工厂供应，还有法马通公司的里奇兰工厂所供应的 UO_2 粉末做补充。其中一些组件也由威尔明顿工厂提供。然后，全球核燃料日本公司制造燃料芯块，并生产最终的燃料组件。

福岛核事故后，日本的沸水堆处于关闭状态，因此全球核燃料日本公司旗下制造厂仅有少量生产制造活动，全球核燃料美国公司已经将其部分部件加工工作分配给横须贺工厂，以便在这段业务停滞期为其提供帮助。尽管根据日本颁布的新安全规定，已有 4 个反应堆初步获准重启，但目前尚未有明确迹象表明日本的沸水堆将于何时恢复运行。所有已经恢复运行的机组，以及大多数计划在近期启动的机组，均属于压水堆；福岛核事故后日本宣布永久关闭的 21 座反应堆中，有 13 座为沸水堆，还有多座沸水堆很有可能面临退役。沸水堆市场的缩减对公司产生影响，2016 年以来，全球核燃料日本公司、日本核燃料工业公司和日本三菱核燃料公司一直在认真讨论整合与合并事宜，以适应市场需求。同时，全球核燃料日本公司旗下横须贺制造厂的设计和工程人员在燃料设计和分析以及先进统一分析模型开发方面还与全球核燃料美国公司同行开展了密切合作。

（三）公司主要产品

1. 沸水堆燃料

多年来，全球核燃料公司开发了多种沸水堆燃料组件设计。图6展示了自1999年以来美国和欧洲反应堆中关于全球核燃料日本公司燃料设计的燃料装载经验。图中原GE14设计一直作为主流产品持续了大约十年，一直到2010年左右，此后GNF2成为营销的主要产品。展望未来，预计GNF3设计将成为大多数客户青睐的主流产品。

2015年5月，全球核燃料公司正式推出新型GNF3组件。相对于GNF2，GNF3组件具有进步性，在燃料利用、性能、抗腐蚀和抗碎片性以及燃料循环经济性方面都具有优势。2018年11月，全球核燃料公司称与美国安特吉公司签署了一份为期十年的合同，约定为河湾核电站提供10次GNF3燃料重装服务。2019年，GNF3燃料在河湾核电站进行了首次商业重装。GNF3的燃料通道由全球核燃料公司的新型NSF合金（Zr、1%Nb、1%Sn和0.35%Fe）制成，旨在减少通道弯曲和近年来导致通道控制叶片干涉问题的所谓阴影腐蚀的影响。全球核燃料公司还在开发一种新型先进锆合金——GNF－锆石，用于制造包壳等部件。锆石有望提高耐腐蚀性，并带来其他经营效益。

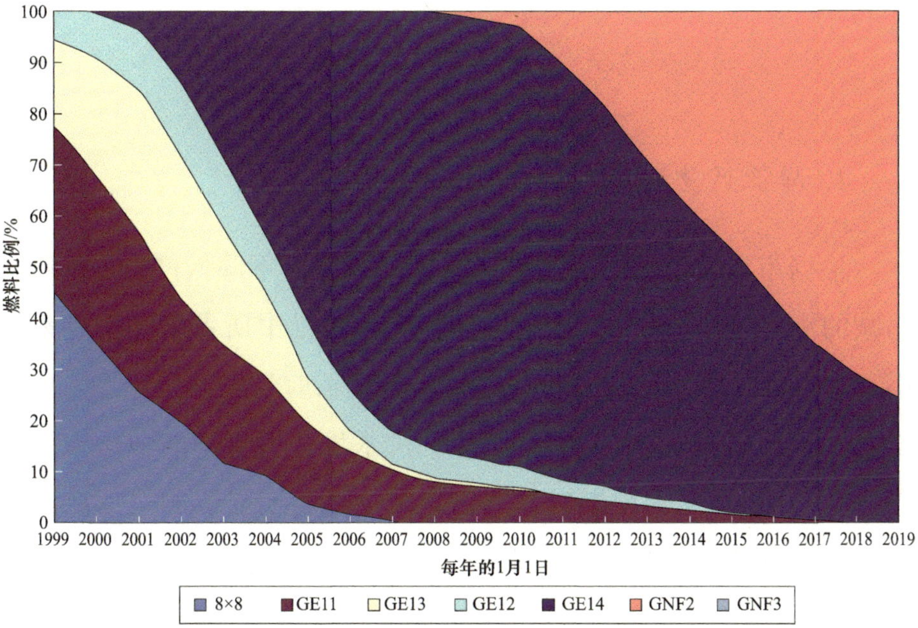

来源：全球核燃料美国公司

图 6 全球核燃料美国公司燃料装载经验（1999—2019 年）

2. 先进耐事故燃料

全球核燃料公司也在研究耐事故燃料技术，包括先进包壳技术。所谓的钢包壳材料依赖于铁素体钢包壳（FeCrAl）及另一种基于锆涂层技术的包壳材料 ARMOR。这些包壳首先在南方电力公司的哈奇核电站 1 号机组燃料组件中接受测试。2018 年 10 月，全球核燃料公司获得了美国能源部拨付的 3 370 万美元资金，用于继续开发其耐事故燃料设计。2019 年底，该公司在爱克斯龙公司旗下的克林顿核电站反应堆上启动了针对具有两种包壳设计的先导试验组件的第二次试验。2020 年后，公司拆除这些先导试验组件，以支持耐事故燃料的进一步发展。

（四）公司发展战略

1. 降低产量适应市场

根据市场发展情况，全球核燃料公司不得不降低产量，以适应缩减的沸水堆燃料市场。沸水堆在世界反应堆中所占的比例越来越小，即使在福岛核事故之前，沸水堆的增长前景也并不乐观。根据UxC对反应堆的预测，到2035年，沸水堆在世界产能中所占的份额将大幅下降。沸水堆燃料全球市场的萎缩将明显影响全球核燃料公司，并可能促使其业务在未来十年发生实质性变化。

2. 通过战略联盟开拓压水堆领域

全球核燃料公司有意与俄罗斯核燃料产供集团结成战略联盟，并将其压水堆燃料引入美国。但鉴于国际形势变化严重阻碍了俄罗斯在美国制造市场的发展，全球核燃料公司有可能寻求另一个合作伙伴来开拓压水堆燃料领域，韩国水电与核电公司等新合资企业成为较具优势的候选者。

3. 加紧研发小型模块化反应堆

全球核燃料公司一个潜在的新增长领域是GEH的小型模块化反应堆BWRX-300的开发。这种约300 MWe的沸水堆型小型模块化反应堆已在多个市场显示出潜力，最近在北美和欧洲出现商业化机会。由于此类反应堆需要与全球核燃料公司目前产品类似的燃料，因此世界各地建造的任何新的BWRX-300反应堆都将成为全球核燃料公司的新客户。

（五）公司发展动向

1. 全球核燃料美国公司

全球核燃料美国公司负责北美、欧洲和亚洲（日本除外）市场的沸水堆燃料销售。该公司目前负责为在美国、墨西哥和瑞士运营GE沸水堆的公用事业公司提供沸水堆燃料组件。其设计产品由西班牙埃努萨核燃料公司制造，为西班牙的一座GE沸水堆和德国的一台西门子/KWU机组提供燃料；另外，2018年，该公司签署了一份合同，长期为芬兰的奥尔基洛托核电站1号机组和2号机组提供燃料。1996年，通用电气公司扩大了与西班牙埃努萨核燃料公司的业务关系，成立了一家向欧洲公用事业公司销售沸水堆燃料的合资企业——GE ENUSA核燃料公司。2019年，这家合资企业再次续约五年。该合资企业在西班牙、德国、芬兰和瑞典一直都有有效的燃料供应合同。瑞典的福什马克核电站1号机组和2号机组也是GE ENUSA核燃料公司的客户。

2. 全球核燃料日本公司

目前，全球核燃料日本公司只服务日本沸水堆市场，尚未公布任何扩大其市场范围的具体计划。根据今后几年市场发展情况，日本剩余的多座沸水堆可能会过渡到10×10组件。由于日本的燃料制造成本和价格比欧洲和美国高得多，再加上全球核燃料美国公司已被指定负责世界其他地区的燃料营销，因此，全球核燃料日本公司不太可能拓展除日本国内的沸水堆燃料市场外的其他市场。作为日本沸水堆燃料的主要供应商，全球核燃料日本公司将比其竞争对手日本核燃料工业公司受到更大的影响。

四、美国西屋电气公司

（一）公司概况

美国西屋电气公司是一家大型的综合性核能公司，总部位于美国宾夕法尼亚州克兰贝里镇（靠近匹兹堡）。该公司的业务和客户遍布全球，在 19 个国家共有约 11 000 名员工。除了制造压水堆核电站和沸水堆、压水堆、俄式压水反应堆和先进气冷堆核燃料外，西屋电气公司还向其客户提供各种核电站和燃料服务，并向运营中的和新建的核电站提供仪器仪表和控制系统及相关服务。

2017 年开始，西屋电气公司经历了一系列破产重组。由于南卡罗莱纳州 VC Summer 核电站和佐治亚州沃格特勒核电站的两个美国 AP1000 反应堆项目成本超支导致的巨额财务负债，西屋电气公司被迫根据《美国破产法》第 11 章申请破产保护。这导致其当时的大股东日本东芝公司将西屋电气公司从其公司组合中剥离出来。东芝公司在 2017 年末开始了西屋电气公司的出售计划。多家金融和工业公司争夺该公司的购买权，2018 年 1 月初，加拿大私募股权公司布鲁克菲尔德资产管理公司的美国子公司布鲁克菲尔德商业伙伴公司以 46 亿美元的报价中标。2018 年 8 月，布鲁克菲尔德商业伙伴公司完成对西屋电气公司的收购，因此西屋电气公司走出在美国破产的阴霾。

尽管西屋电气公司此前面临财务挑战，但除了反应堆建造业务（大部分已经停止），该公司多年来一直保持相对盈利状态，其核燃料制造部门盈利能力较强。布鲁克菲尔德商业伙伴公司对西屋电气进行了重大重组，该公司成立了一个执行监督委员会，任期最长为两年。该监督委员会的任务是深入调查西屋电气公司的供应链，寻找通过外包制造及专注于供应链的质量控制来降低成本的方法。其 2020 年度报告中指出，西屋电气公司的基础设施服务部门继续通过进一步提高企业长期价值的业务改进举措来提高生产率，重组和削减成本的举措仍在持续。

（二）公司产业布局

目前西屋电气公司的组织机构由两个覆盖不同地理区域的行政单位和四个直接提供公司产品和服务的产品线组织组成。领导这些小组的高管直接听从 2019 年上任的总裁兼首席执行官帕特里克·弗拉格曼的指派。区域和产品线组织机构均得到质量、财务、法律、人力资源等其他公司部门的支持。

区域组织机构负责监督客户关系、规划、营销和业务发展，以及西屋电气公司所有产品和服务在其各自区域的项目和产品交付。美洲和欧洲、中东和非洲地区总部设在宾夕法尼亚州的克兰贝里镇，为美国、加拿大和拉丁美洲以及亚洲以外的所有地区提供服务。亚洲地区总部设在日本东京，专注于亚洲业务。

西屋电气公司的四条产品线组织负责其提供的各种产品和服务的设计、制造和交付。

1. 在运核电站业务（OPB）

包括核自动化和现场服务，负责为新的和现有核电站设计和制造仪器仪表和控制系统。这包括先进仪器仪表和控制的产品开发、设计、装配和测试，包括控制系统部件服务和培训。西屋电气公司的核电站停堆服务也由 OPB 提供。

2. 核燃料和部件制造（NFCM）

负责设计和制造沸水堆、压水堆、俄式压水反应堆和先进气冷堆的核燃料部件和组件，以及提供各种燃料相关服务和开发新的燃料组件设计和分析模型。NFCM 还负责西屋电气公司的锆业务。

3. 新核电站和重要项目

设计和制造新的核电站。其职能包括开发、许可、施工设计、项目管理、部件制造和启动支持。它还为运行中的核电站提供替换部件，包括控制棒驱动机构、反应堆冷却剂泵、容器内部构件等。

4. 去污、退役、治理和废物管理

专注于乏燃料的最先进解决方案、乏燃料的处理和处置，以及与核电站和设备的去污、退役有关的活动。

这些组织机构由西屋工程公司支持，该公司为新建和运行中的核电站工程项目提供先进的技术解决方案，包括：燃料和安全分析工程、系统和部件工程，以及对压水堆和沸水堆的工程支持。

（三）公司主要产品

1. 沸水堆燃料

西屋电气公司主要的沸水堆产品为 10×10 SVEA-96 Optima 2 和 SVEA-96 Optima 3。它包含改进的碎片保护和由低锡锆制成的通道，以最大限度地减少变形。与其竞品不同，SVEA Optima 由 4 个 5×5 的迷你棒束组成，移除了内部的杆件，在组件的中心形成一个菱形的水十字。

西屋电气公司也在努力部署其首个 11×11 的沸水堆燃料设计，名为 Triton11，该公司声称通过更高的燃耗和更长的燃料循环周期来节约成本和优化运行。2019 年 3 月，这种设计的首批 8 个燃料束交付给 TVO 公司在芬兰的奥尔基洛托 2 号机组。由于最近与瑞典和西班牙公共事业公司的合同允许这种选择，因此可能会增加更多的反应堆。

2. 压水堆燃料

西屋电气公司现有压水堆的主导产品线包括新一代燃料（NGF）组件和鲁棒燃料组件（RFA-2）。这些组件适用于从 14×14 到 18×18 的所有燃料棒阵列。西屋电气公司最新的压水堆燃料进展是其 Prime™燃料高级特性包，该公司声称这将进一步提高其 NGF 和 RFA-2 产品的可靠性、尺寸稳定性和耐腐蚀性。PRIME™ 包括多项增强功能，如低锡 ZIRLO™ 网格带材料，导引顶针管中的管中斜管，以及更低压降的下管座。西屋电气公司还为 CE16×16 反应堆制造 CE16NGF 燃料组件。它还与韩国核燃料公司合作，为 CE14×14 反应堆设计新的燃料。

西屋电气公司推出了专门为其 AP1000 反应堆而设计的 AP1000 燃料组件。它是 17×17RFA 的改进型，长度为 14 英尺，增强了安全性和操作特性。2010 年，西屋电气公司开始为中国的 4 个 AP1000 反应堆生产新的 AP1000 组件。最近西屋电气公司还收到了乔治亚州沃格特勒核电站 3 号和 4 号 AP1000 机组的燃料订单。西屋电气公司正在进行一项新的燃料组件结构和燃料设计持续开发计划，旨在提高安全性和操作灵活性，降低燃料循环成本。然而，目前还没有公布任何新一代设计的细节。

此外，西屋电气公司还在为其基于鲁棒燃料组件技术的小型模块化反应堆及其他先进反应堆概念进行燃料设计工作，如 eVinci 微型反应堆和先导冷却快堆等。

3. 耐事故燃料开发

西屋电气的耐事故燃料项目正在不断取得进展。2017 年 6 月，它首次推出了 EnCore 燃料，由含硅化铀芯块的涂层包壳组成。这些芯块具有较高的密度和较高的热导率，减少了正常反应堆运行过程中涂层包壳的氧化和吸氢，从而延长了包壳寿命、增强了耐磨性并提高了利润。从长远来看，西屋电气公司计划转向碳化硅包壳和硅化铀（U_3Si_2）芯块，这将彻底消除任何锆相关的安全问题。

作为耐事故燃料项目的一部分，另一项正在开发的技术被称为“ADOPT 燃料芯块”。这类芯块包含极少量的氧化铝和氧化铬，促进了二氧化铀的晶粒生长和烧结性，从而使晶粒尺寸增大三倍，密度增加 2%。西屋电气公司声称，较大的晶粒度会延缓裂变产物的输送，并能更好地保留裂变气体。

2019 年 1 月，西屋电气公司宣布获得美国能源部 9 360 万美元的资助，用于支持 EnCore 燃料项目。西屋电气公司在爱克斯龙公司的拜伦核电站 2 号机组 2019 年春季停运期间，将含有第一代 EnCore 燃料（即镀铬包壳、ADOPT 和硅化铀芯块）的先导测试棒（LTR）的燃料组件装入该机组。该公司现在计划于 2023 年前准备好基于这一设计的区域再装燃料。至于第二代耐事故燃料的部署（即碳化硅包壳和硅化铀燃料），目标是于 2022 年开始进行先导试验棒辐照并于 2027 年实现商业化。

4. 俄式压水反应堆（VVER）燃料

自 20 世纪 90 年代初以来，西屋电气公司始终是 VVER 燃料市场的参与者，最初是通过美国能源部的开发拨款在该市场上站稳脚跟。在过去的几年里，西屋电气公司成功打入 VVER-440 以及 VVER-1000 燃料市场，获得了乌克兰一系列 VVER-1000 机组的燃料合同。在地缘政治的帮助下，乌克兰国家核能发电公司成为其主要客户。合同于 2018 年延期，最新的协议扩大并延长了原定于 2020 年结束的 6 座反应堆的合同，规定西屋电气公司 2021 年至 2025 年期间向乌克兰 15 座核电反应堆中的 7 座提供燃料。乌克兰的两座反应堆已经完成了向全西屋电气公司堆芯燃料的过渡。同时，捷克和保加利亚的核电公司也积极研究与西屋电气公司进行燃料方面合作的可行性，可能为其 VVER-1000 燃料设计赢得新市场，使之成为俄罗斯核燃料产供集团在 VVER-1000 燃料市场的重要竞争对手。

2015 年，欧盟向西屋电气公司和 8 个东欧研究伙伴提供了一笔拨款，以开始开发新的 VVER-440 燃料组件，该项目被命名为欧洲安全核燃料供应（ESSANUF），重点是为东欧的 VVER-440 机组提供替代燃料供应许可证。西屋电气公司的合作伙伴包括过去生产 VVER-440 燃料的埃努萨公司，以及参与国的一些研究机构和大学。西屋电气公司引入 VVER-440 燃料组件的主要目标是乌克兰罗夫诺核电站的两台机组。

西屋电气公司已经提高了其在韦斯特罗斯工厂 VVER-1000 燃料产能，以供应乌克兰的合同，如果需要的话，可以进一步扩大 VVER 燃料业务。同样，可在韦斯特罗斯工厂或西屋电气公司的关联公司埃努萨公司的胡斯瓦多制造厂恢复 VVER-440 燃料的生产。

（四）公司发展战略

1. 全面的燃料供应

西屋电气公司不直接经营铀生产、转化或浓缩业务，通常也不提供全面的前段燃料服务。但西屋电气公司拥有一家子公司——铀资产管理公司，总部设在英国兰开夏郡，该公司代表西屋电气公司的客户在特定情况下获取浓缩铀供应。铀资产管理公司还提供集成化供应平台（ISP），以弥合供应商和客户之间的供需差距。ISP 使用西屋电气公司的天然铀和浓缩铀库存，以满足客户在安排燃料供应方面的灵活性需求，并最大限度减少铀的贮存时间。西屋电气公司称，可将 ISP 的概念扩展到包括浓缩铀的租赁安排和其他提高铀供应效率和尽量减少燃料成本的办法。

2. 市场影响因素

与其他大型供应商相比，福岛核事故和市场需求减少对西屋电气公司的影响没有那么严重，未来仍有较广泛的市场前景。西屋电气公司作为美国压水堆供应商，在本土具有主导地位，少数欧洲国家去核电化并不会对其全球市场业务的稳定性造成根本性影响。随着欧洲能源安全形势发生变化，各国对核能发展转向积极态度，且欧盟燃料供应多元化的要求为东欧核电企业寻求西屋电气公司的燃料合同提供了额外动力。西屋电气公司意识到这一机遇，并在政治和核电公司层面积极游说，以确保在欧盟和东欧获得新合同。

（五）公司发展动向

西屋电气公司是唯一一家在欧洲、美国和其他地区供应沸水堆、压水堆和 VVER 燃料组件的燃料制造供应商。它也是英国工厂 AGR 燃料的唯一供应商。因此，与其他竞争对手相比，西屋电气公司有着较高的多元化程度。

西屋电气公司的燃料业务（NFCM）被视为公司的核心部分，

将得到充分支持以保持盈利能力。其燃料部门持续稳定的业务流意味着西屋电气公司在未来很长一段时间内仍将是市场的主要参与者。NFCM 在其位于犹他州奥格登市的子公司——西锆公司生产锆合金和产品。在其位于宾夕法尼亚州布莱斯维尔的特种金属厂生产包壳和其他管材。其在欧洲的轻水反应堆运营总部位于瑞典的韦斯特罗斯，隶属于西屋电气瑞典分公司。英国的先进气冷反应堆以及压水堆的燃料是在英国兰开夏郡的斯普林菲尔德工厂生产的。

西屋电气公司的燃料和堆芯设计、许可和类似服务主要由位于克兰贝里镇的堆芯工程和技术部向客户提供，该部门是压水堆技术的中心。西屋电气公司在南卡罗莱纳州和哥伦比亚的制造厂以及西屋电气瑞典分公司也提供工程支持。该公司还开发新的软件应用程序，并提供培训计划。沸水堆技术中心位于韦斯特罗斯的西屋瑞典工厂。西屋电气公司已经整合了其设计和工程职能，并正在为沸水堆和压水堆开发通用分析模型。

五、俄罗斯国家原子能公司

（一）公司概况

1953 年，苏联成立中型机械部，负责核工业体系的管理工作；1986 年成立了专门的苏联原子能部。苏联解体后，1992 年成立俄罗斯原子能部；2004 年，原子能部改名为国家原子能署；2007 年 12 月，国家原子能署改制为俄罗斯国家原子能公司，兼有行政管理和企业实施的职责（图 7）。

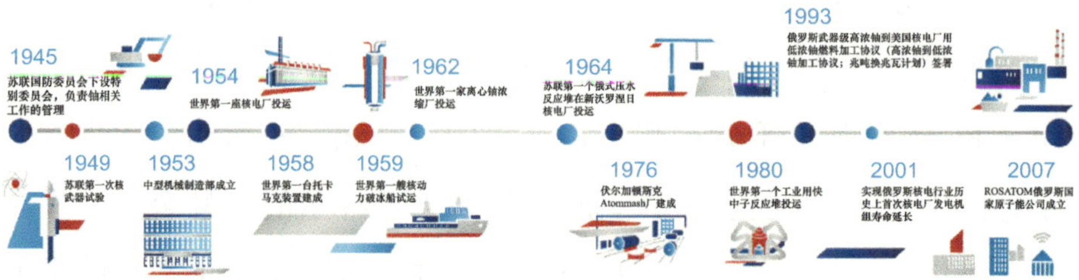

来源：俄罗斯国家原子能公司

图 7　俄罗斯国家原子能公司的历史沿革

受益于俄罗斯超过 70 年的核工业发展历史与经验，俄罗斯国家原子能公司在核电以及整个核产业链都具有很强的国际竞争力。截至 2020 年，其国外运行的核电机组数量（36 台）排名世界第一；全球铀浓缩市场占有率（38%）排名世界第一；铀产量市场占有率（14%）排名世界第二；全球核燃料市场占有率（16%）排名世界第三。俄罗斯核电站发电量达到 2 157.4 亿千瓦时，创造了包括苏联时期在内的所有生产时期的最大值。核电安全运行，未发生 INES 分级 2 级及以上的核事故。业务范围有序扩大，完成集成创新 KPI 指标、投资计划目标、政府命令，10 年新产品订单产量、当年新产品收入与海外业务收入持续增长。其目标是 2030 年成为全球核科学和现代高科技领导者。

（二）公司产业布局

俄罗斯国家原子能公司拥有核产业链各环节的相关实体和生产能力，根据业务划分为核武器综合体、核辐射安全综合体、放射性废物与乏燃料管理综合体、核电综合体（包括核电站、铀浓缩、纯化转化、燃料制造）、科技综合体。近三年，其计划专注于开发最先进的高科技技术，新开发业务有风电、增材制造、核医疗、北海航线发展、环境保护、氢能、复合材料、数字产品开发等重点业务领域（图 8）。

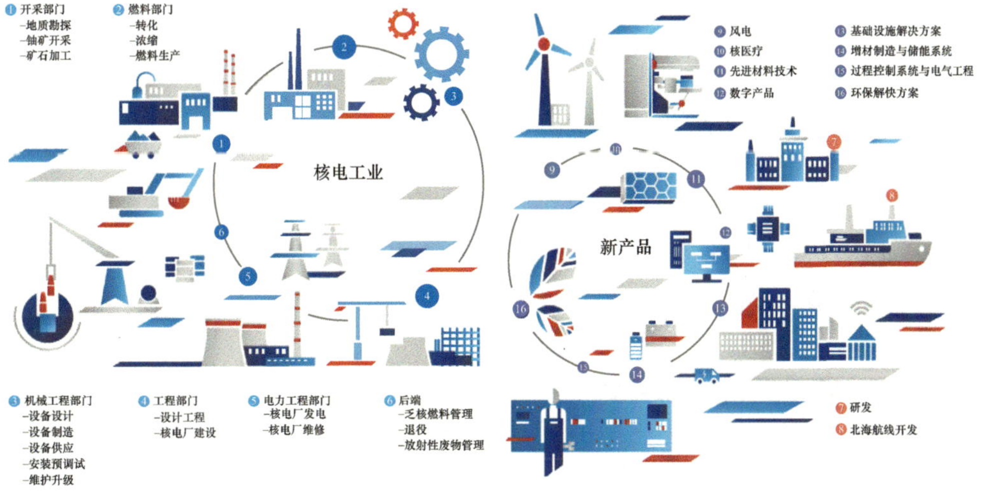

来源：俄罗斯国家原子能公司

图 8　俄罗斯国家原子能公司的业务布局

（三）公司主要产品

在核燃料元件产业，俄罗斯国家原子能公司主要向全球的俄式压水堆机组提供 VVER 系列的燃料产品。在出口方面，俄罗斯国家原子能公司的子公司 TENEX 公司继续保持核燃料循环前段产品领先供应商的地位，TENEX 公司已为全球 19 个国家 41 个客户提供产品服务，全年销售额超过 20 亿美元。此外，俄罗斯国家原子能公司还致力于其他燃料开发，包括用于热中子反应堆的铀–钚燃料，并为外国客户制造含少量锕系元素的燃料，以支持“平衡核燃料循环”产品线，将乏燃料后处理服务和燃料制造与后处理产品相结合；以及开发和制造了的含有混合铀–钚氮化物的三种实验燃料组件 ETVS-30、ETVS-31 和 ETVS-32（SNUP），并对 3 台使用 SNUP 燃料的实验燃料组件 ETVS-22、ETVS-23 和 ETVS-24 反应堆进行辐照，证实 RUBREST-OD-300 反应堆核燃料的可操作性。

俄罗斯国家原子能公司还致力于将核燃料平衡循环集成产品推向世界市场。该提案包括闭式核燃料循环元件，确保有效回收再循环的核材料，并显著减少因乏燃料后处理和高放废物分馏而送去处置的高放废物的数量和放射性。俄罗斯国家原子能公司的子公司俄罗斯核燃料产供集团开发了一个综合性提案和全周期服务计划，截至2020年底，在国外市场签订了11份合同，总金额超过10亿卢布。

（四）公司发展战略

俄罗斯国家原子能公司作为俄罗斯核工业的龙头，在发展的历程中取得了辉煌的业绩，这与其重视核科技研发、加大力度优化组织结构和积极开展创新体系建设以及俄政府的大力支持是密不可分的。

一是突出创新的重要地位。俄罗斯国家原子能公司通过组建创新管理板块，整合旗下优势资源，建立了以目标为导向的管理体系。俄罗斯国家原子能公司将科研创新机构，将除武器、核电以外的绝大部分研发机构都纳入了创新管理板块，并将其与核武器等板块处于同等地位。

二是加强创新管理的整体性。为了创造有商业竞争力的新核电产业，俄罗斯国家原子能公司将部分项目合并成为一个超级项目，称为突破项目，这就要求各机构充分整合到同一个管理系统。俄罗斯国家原子能公司通过组织体系改革，将过去松散的研究机构整合起来，保持了整个创新体系，尤其是研发体系的完整性。公司委任了一名副总经理兼任创新管理局主任，管理整个创新管理板块，主要负责决策和规划，提高了对创新工作的领导力，并加强了创新技术方面的国际合作。同时还成立了专门的管理公司——科技与创新公司，负责管理创新管理板块下的 13 家研究机构的资金、设施和创新项目，实现了对整个创新体系的整合、沟通和协调。

三是深入完善组织管理。俄罗斯国家原子能公司改革了之前管理模式，除加强管理集成之外，还将下属的 9 家科研机构的院长加入到公司领导层，加强了各研发机构的联络，使顶层管理和底层联络有机地结合在一起，有利于激发科研机构的创新活力，实现协同创新；公司下属机构间实现了信息交换和资源共享，有利于充分发挥各研究机构的优势，推进技术创新。

四是加强研发投入。俄罗斯国家原子能公司在研发资金的投入上始终保持了较高的水平，研发投入基本保持在总收入的 3%以上，并计划直到 2030 年都保持这一投入比例。公司的投入产出成果显著，在全球取得的专利数量连年上升。

五是政府的大力扶持。作为俄罗斯国营公司的俄罗斯国家原子能公司肩负着部分政府职能，由俄罗斯副总理直接统辖，在经营运作、财政保障、外交宣传等方面获得了政府的大力扶助，具有先进核电技术与宽厚融资条件的双重优势。

1. 公司到 2030 年的目标愿景

第一是经济目标。公司计划到 2030 年之前实现收入增长到 4 万亿卢布（0.45 万亿元），其中海外订单占一半以上。除了公司的核心业务（即核能发电），其他创收业务主要围绕提高新产品产量，新产品收入至少占总收入的 40%。

第二是技术领先目标。公司计划让整个行业都专注于开发最先进的高科技技术，并且对风电、增材制造、核医疗、北海航线发展、环境保护、氢能、复合材料、数字产品开发等重点业务领域分别设定了可持续发展的长远目标。

第三是公司治理和企业文化目标。俄罗斯国家原子能公司将建立一个包含俄罗斯国内外合作伙伴的综合生态系统。公司将以客户为中心，主动确定客户需求，并按需提供相应的产品和服务，同时公司将采取各种措施充分挖掘员工的潜力，包括创造一个持续的教育环境、制定优秀人才引进计划、消除外籍人士就业障碍等。

2. 到 2030 年的长期战略

一是增加国际市场份额。为了巩固公司在全球核电市场的领导地位，俄罗斯国家原子能公司目前正在全球 50 多个国家拓展业务，同时也在增加海外长期整体订单量和相应收入。

二是降低生产成本，缩短交付周期。为了开发出最具有竞争力的产品，俄罗斯国家原子能公司将采取进一步措施，缩短核电站建设时间及平准化度电成本。

三是为俄罗斯和国际市场开发新产品。根据民用部门核项目累积的经验技术，俄罗斯国家原子能公司计划在 2030 年之前实现新业务收入比例大幅增长。

四是在最新技术方面占据全球领先地位。俄罗斯国家原子能公司正努力将其在核工业的全球领先地位扩展到其他领域。公司计划利用其现有能力，对核技术的理解和积累的经验，向新领域拓展，实现多样化。未来，公司的目标是跻身成为全球技术领先的国际性公司。

（五）公司发展动向

在核燃料产业，俄罗斯国家原子能公司不断提升产能，并开展先进技术的研发。公司下属西伯利亚化学联合体已开始在能源实验和示范联合体安装混合铀钚氮化物燃料（MNUP）制造/再加工模块的主要设备，并计划 2021 年完成主要技术设备的安装。能源实验和示范联合体是“突破”项目的一部分。“突破”项目是为了示范闭式核燃料循环，最终目标是消除核能发电产生的放射性废物。能源实验和示范联合体包括三个部分：① 燃料制造/再加工模块，用于生产快堆用的致密铀钚燃料；② 一个采用 BREST-OD-300 铅冷快堆的核电站，功率为 300 兆瓦；③ 乏燃料后处理模块。俄罗斯核反应堆研究所完成了在 MIR 研究堆对实验燃料组件（包括 VVER 反应堆和压水堆燃料棒）的第二轮辐照。这标志着俄罗斯耐事故核燃料开发取得了最新里程碑。

第六章

核燃料循环后段领域

一、产业发展概况

目前，国际上有关核燃料循环的技术路线主要有“闭式循环”“一次通过”以及“长期贮存”。闭式循环虽然投资巨大，但由于后处理技术对提高铀资源利用率和减少高放废物体积的重要作用，以及其特殊性和敏感性，因此，对闭式循环路线的选择不仅涉及到技术的可行性、经济的合理性，也涉及国家安全的考虑。截至目前，国际上真正掌握后处理技术的只有联合国的常任理事国（中、俄、美、英、法），以及印度和日本共 7 个国家。其中美国因防扩散要求，选择了“一次通过”技术路线，但由于最终处置场的选址遇到一系列问题，实际上乏燃料处于“长期贮存”状态。英国虽然因为经济和技术原因关闭了商用后处理厂，但并未放弃闭式循环。法、俄、印、日仍在积极推进闭式循环，并不断完善相应的政策、法规，推进技术的进步和发展。受技术、经济性和核电规模的影响，部分国家没有选择在本国进行商用后处理，而是委托别国进行后处理

审核：林森，中核集团战略咨询委委员。

（如比利时、荷兰等），或者采取乏燃料暂存策略，视后处理技术研究进展情况再做决策（如韩国等），还有少部分国家，则选择“一次通过”（如瑞典等）。政治、技术、市场是影响后处理产业发展的重要因素，对法、英、日、俄、印、美的后处理产业发展现状进行分析，可以看出坚持“闭式循环”路线或者掌握后处理技术的国家在推进后处理产业发展上虽然采取的具体做法不尽相同，各有特点，但是在政策法规、技术发展、市场协调、资金筹措等方面采取的一些基本政策措施仍有相似之处。

二、法国

法国在开始其核规划时，就选择了对乏燃料进行后处理，并将有价值的核材料（如铀、钚）进行再循环的闭式循环政策。法国最初的核燃料闭式循环战略是“后处理+快堆 MOX”路线，并建设运行了“狂想曲”实验快堆、“凤凰”快堆和“超凤凰”快堆。但是，受快堆技术不完善和商业化进程推迟的影响，法国不得已调整了核燃料循环战略，转向在热堆中燃烧后处理回收的铀和钚。

法国最早的后处理项目可以追溯到 1958 年，法国在马尔库尔启动了乏燃料后处理项目，为其核武器项目提供钚，共产生了约 6 吨武器级钚，该项目已于 1993 年停止。在阿格后处理中心，为服务国内客户修建的 UP2-800 厂和为服务国外客户修建的 UP3 厂，目前仍在继续运行。

目前，法国掌握了世界上最成熟的后处理技术及工艺，在商业后处理产业方面居于世界领先位置，不仅处理了本国核电站运行产生的大量乏燃料，同时也服务国外核电公司，并从中获得不小的收益，其成功经验具有重要借鉴意义。

（一）产业政策

法国的核燃料闭式循环经历了从快堆循环到轻水堆循环转变。作为核武器计划的一部分，法国在 1958 年开始进行大规模的军用钚生产。随着钚燃料快中子增殖反应堆的概念产生，法国 1976 年作出了建造商业规模（1 250 MWe）的欧洲“超凤凰”快中子增殖反应堆的决定，并通过后处理为快中子堆提供钚，即法国最初的核燃料“闭式循环”战略是“后处理+快堆 MOX”路线。但是由于快中子增殖反应堆未能按计划实现商业化，法国暂时放弃了快堆计划。然而法国并没有放弃后处理，为了消耗掉快堆发展计划中累积的大量钚，法国不得已调整了核燃料循环战略，转向在热堆中燃烧后处理产生的铀、钚，并于 1987 年首次在轻水堆中使用 MOX 燃料，即法国将“闭式循环”的重点过渡到钚在轻水堆中再循环。随后，法国批准了 900 MWe 轻水堆核电机组使用 MOX 燃料。目前法国 900 MWe 的机组即将退役，因此其也将批准在 1 300 MWe 的反应堆中使用 MOX 燃料。后处理再循环为法国电力集团每年节约了约 10%的天然铀需求，节省了共约 3.6 万吨的乏燃料贮存需求。

（二）法律法规

法律法规方面，法国没有制定专门的原子能基本法，但是制定了多项法律，以保证乏燃料管理安全。法国乏燃料管理的立法框架主要根据各类政府法律和法令体现，同时，法国国家核安全局根据需要通过法定决议的方式澄清法案的规定，也可出版执行指南或发布导则，但这些指南和导则不具法律约束力。

1.《环境法规》

该法规定了乏燃料管理的原则。管理放射性废物和乏燃料的主要责任在于其生产者。该法禁止法国对其他国家产生的放射性废物进行处置。特别是，乏燃料或放射性废物只能在有限的期限内，以处理、研究或国家之间转移的目的而携带入境。该法规定为废物管理系统提供资金，并为地下实验室和未来的深层地质处置设施的地方支助系统的现代化提供资金。该法还规定了公众宣传与参与方面的规则。《环境法规》中也重申了乏燃料管理是核电站运营者的主要责任。

2.《公共卫生法典》

《公共卫生法典》描述了所有的“核活动”性质，也就是涉及个人辐照风险的所有活动，不管是由人工放射源释放的电离辐射导致的，还是由因放射性核素的放射性、裂变性或增殖性而被处理过或正在处理的天然放射源导致的。其中还包括为防止或减少环境污染相关事故发生后的放射性风险而设计的所有“干预措施”。

3. 第 91-1381 号法令：《关于放射性废物管理研究》

1991 年 12 月 30 日，颁布第 91-1381 号法令：《关于放射性废物管理研究》（简称《1991 废物法》）。该法建立了放射性废物管理的法律框架，确定了法国放射性废物管理政策，包括确定 15 年的研究期研究深层地质处置的可行性及逐步的核废物管理方法。与此同时，制定了一个在核废物法案框架之下的全面研发计划，包括 3 个研究方向：分离嬗变、地质处置和长期贮存，并将深地质处置可回取性纳入法律。

《1991 废物法》将放射性废物管理局从法国原子能与替代能源委员会中独立出来，成为具有公共性质的国家放射性废物管理机构，负责法国所有放射性废物的长期管理。根据该法，法国政府建立了退役基金，由放射性废物管理局负责管理，退役费用成本分摊在销售的电价中，分摊费用的具体水平由工业部决定，每年根据零售电价指数进行更新。该法还确立了国家评审委员会的独立性，由其作为监督机构，负责对放射性废物管理的研究工作进行监督。

4. 第 2006-739 号法案:《关于放射性材料和废物可持续管理规划》

2006 年 6 月 28 日，法国在进行了 4 个月的全国公开辩论后，颁布了第 2006-739 号法案:《关于放射性材料和废物可持续管理规划》(简称《规划法》)，是法国目前和今后有关放射性材料和废物管理的基本法。该法是在《1991 废物法》经历 15 年的研究结果基础上研究制定的。该法的适用范围涵盖所有放射性材料和废物，并针对还未落实管理方案的放射性废物管理工作，规定了研发调查的方向和目标。

该法明确了铀、钚的归属。在法律第二条规定“乏燃料和放射性废物的产生者是这些物质的责任人”，即法国电力集团自始至终要承担其产生的乏燃料和回收铀和钚的管理责任。为外国核电用户提供后处理服务，该法律规定后处理回收的铀、钚、放射性废物必须返回产生国，其中钚必须以 MOX 燃料形式返回、放射性废物以等效放射性总活度的固化块形式返回。

该法还要求核电企业建立乏燃料管理储备金，保证了后段管理资金的来源。按照规定，法国电力集团设立专门账户，每年从公司营收中拨出一部分资金存入该账户，作为乏燃料运输、后处理等费用的专项资金，并根据前一年支出情况和当年支出计划进行动态调整。法国审计法院负责监管后处理企业的运营管理成本以保证其服务定价的合理性，监管法国电力集团的储备金账户以保证未来支出的充足可用。

5. 第2006-686号法案：《关于核领域透明度和安全》

2006年6月13日，颁布第2006-686号法案：《关于核领域透明度和安全》（简称《TSN法》）。该法案规定了公众参与原则，提高了透明度。该法设立一个独立的核安全监管机构，即核安全局，负责监督核安全和辐射防护，并向公众提供这些领域的信息。该法赋予由国家代表、当选官员和协会成员构成的地方信息委员会法律地位，同时设立了新的高级核安全透明与信息委员会。《TSN法》已被编入《环境法规》第五册第九章和第一册第二章。

（三）产业规模

1. 后处理产能建设

法国后处理产能建设可以分为三个阶段。

第一阶段以1958年建成投运的UP1厂为代表。UP1厂位于马尔库尔，以燃耗较低的天然金属铀乏燃料为处理对象，获取军用钚。UP1厂于1997年结束全部工作，共处理13 330吨石墨气冷堆燃料。

第二阶段以1966年建成投运的UP2厂和1976年改造的

UP2-400 厂为代表。UP2 厂与 UP1 厂的工艺相似，主要是处理动力堆——石墨气冷堆的乏燃料，在 1966 年到 1987 年间，共处理了 4900 吨石墨气冷堆乏燃料。1976 年通过技术改造，UP2-400 厂可用于处理压水堆乏燃料，但其产能有所降低，最终确定为 400 t/a。

第三阶段以 UP2-800 厂和 UP3 厂为代表。UP2-800 厂主要是为满足法国核电计划的要求，处理法国电力集团压水堆核电站乏燃料，利用 UP2-400 厂的公用设施建设的，于 1994 年投入热运行。UP3 厂的建设主要是为国外客户提供后处理服务，于 1989 年投入热运行。

整体来说，法国原子能与替代能源委员会作为国有科研机构开展后处理相关技术研发工作，并修建了 UP1 厂和 UP2/UP2-400 厂，为法国打下了良好的后处理技术基础。UP2-800 厂和 UP3 厂在 UP2 厂和 UP2-400 厂的基础上，通过对流程的优化，对安全性和可靠性的提升，采用成熟的技术建设，是目前法国仍在运行的两座后处理厂。两座后处理厂设计产能为 1 700 t/a，已安全稳定地运行了三十余年，合计处理乏燃料超过 3 万吨。在国际服务方面，法国仍在向荷兰、意大利等国提供后处理服务。

2. MOX 燃料厂产能建设

法国是最早将 MOX 燃料应用于压水堆和快堆的国家之一。早在 1962 年，法国 CFCa 燃料工厂就开始小规模研制快堆 MOX 燃料，先后建造了 3 条 FBR-MOX 燃料研制生产线。然而，随着快堆计划的停滞，法国不得已调整了核燃料循环战略，转向在热堆中燃烧后处理回收的铀和钚。

法国为保证回收的铀和钚得到使用，不断提高压水堆 MOX 燃料生产能力。法国通过改造快堆 MOX 燃料生产线获得了第一批轻水堆 MOX 燃料，并在马尔库尔基地建设了专门用于轻水堆 MOX 燃料生产的梅洛克斯工厂。梅洛克斯工厂于 1995 年建造完成，当年生产能力为 100 t/a，后经过两次调整，在 2007 年产能达到 195 t/a，目前产能约为 150 t/a。截至 2019 年底，法国一共生产了约 8 000 个 MOX 组件，供法国、德国、瑞士、比利时、荷兰及日本使用。

表 12 梅洛克斯厂 MOX 燃料产量

年份	产量/tHM
2014	134
2015	125
2016	124
2017	110
2018	93
2019	90
1995—2019 合计	＞2 800

来源：法国梅洛克斯工厂

为避免分离钚的积累，法国不断协调 MOX 燃料使用市场与后处理产能。为促进核电企业使用 MOX 燃料，法国政府陆续出台政策，批准压水堆核电机组使用 MOX 燃料。这些机组的 MOX 燃料装载率可达三分之一，每年约消耗 11 吨钚，因此，为了避免积累更多的分离钚，目前 UP2-800 厂和 UP3 厂的实际生产是根据 MOX 燃料的需求来安排的，即每年处理约 1 100 tHM 乏燃料，即虽然法国两座后处理厂每年处理能力为 1 700 tHM 乏燃料，但受限于 MOX 燃料应用市场，两座后处理厂难以满负荷运行。

（四）项目建设运营管理模式

UP1 厂和 UP2 厂，最先由法国原子能委员会运营，在 1976 年成立高杰马公司（现欧安诺集团）后，由高杰马公司代为接管。法国原子能委员会作为法国国有科研机构，通过国家长期科研经费支持开展后处理相关技术研发工作，为商用后处理建设打下了良好的后处理技术基础。

UP2-800 厂和 UP3 厂的建设和运行都是由当时的业主和运营商高杰马公司（即现欧安诺集团）负责组织实施。在后处理厂的建设过程中，SGN 公司是项目总承包商，负责指导、监督、协调和管理工程的全部工作；高杰马公司负责确定工厂的基本数据，审定 SGN 公司的初步设计和基础设计，确定合同框架和费用、时间进度、性能数据等，并负责处理与安全当局和政府机构的关系。在后处理厂的运行过程中，阿格后处理厂负责按年度生产计划上报成本预算，包括管理费用、运行费用、维修费用等支出，由后段事业部负责审核。因此，阿格后处理厂的定位是成本中心，后处理事业部是利润中心，总部负责与法国电力集团和海外客户签订合同，是投资中心。

欧安诺集团（包括其前身阿海珐集团、高杰马公司）由法国政府控股，其董事会成员不仅包括有关政府部门的代表，还有股东代表、科学家代表等，法国原子能委员会仅持 1 股，但法国政府拥有绝对控股权，通过董事会贯彻国家意图，控制核工业体系的战略方向。

（五）资金来源

UP1 厂和 UP2 厂的建设由财政投资。UP2-800 厂和 UP3 厂的建设和运营资金是通过后处理公司与核电公司签订后处理服务合同来获取的。

UP2-800厂主要是为满足法国核电计划的要求，处理法国电力集团压水堆核电站乏燃料而建设的。由于当时法国电力集团尚未建立乏燃料储备金，因此，UP2-800厂的建设资金是通过高杰马公司和法国电力集团签订一个长期服务合同（1981—2000 年）来获取的。高杰马公司负责 UP2-800 厂的建设和运行，并承诺建成的第一个 10 年内处理法国电力集团的乏燃料。法国电力集团支付包括建设投资、运行费用等所有实际支出，并支付一定的利润。在第一份长期服务合同期满后，阿海珐集团在法国政府部门的监督协调下，与法国电力集团签署了后处理服务中长期（2008—2040 年）框架协议。由于法国电力集团此时已按照要求建立了乏燃料储备金，因此，有关协议经费在储备金中列支。根据法国电力集团 2019 年财务数据，截至 2019 年 12 月，法国电力集团乏燃料管理储备金账户余额为 123 亿欧元。

UP3 厂的建设主要是为国外客户提供后处理服务，包括日本、德国、比利时、荷兰、瑞士等国的核电公司。高杰马与国外客户签订服务合同，并承诺在 UP3厂建成的第一个 10 年内为签订服务合同的公司处理共计 7 000 吨的乏燃料，而这些国外客户按合同规定的支付计划支付 UP3 厂的建设和运行费用，包括一定比例的利润。为使客户了解工作内容并同意支付相关的经费，从 UP3 厂工程建设开始，高杰马公司将建设进度网络计划和运行后最初 10 年的运行计划提交给客户，并进行投资预算，经客户审批同意。建设期间，高杰马公司根据当年实际完成的工作量，向客户申请下一年度的资金使用计划，客户审查同意后按季度拨付给高杰马公司。若进度计划发生调整，则按照总合同价格不变的原则进行控制，因此，在 UP3 厂建设期间，高杰马公司和客户共同参与了工程建设和投资的控制。

目前阿格后处理厂对国外客户的合同报价大约在 600～900 美元/kgHM 之间，与运行前十年的合同价 1 700～2 300 美元/kgHM 相比，大幅降低。法国后处理成本降低，除设计与运行技术实现高度自动化外，后处理厂在运行的前十年已完成折旧计提是一个重要因素。此外，后处理服务由政府部门监管定价，后处理定位于公益服务也是一个重要原因。

三、俄罗斯

俄罗斯坚持资源循环利用最大化、废物最小化的核燃料循环后段策略，坚持后处理与快堆产业并重发展、自主发展的策略，最终目标是实现后处理回收钚在快堆MOX燃料中的运用和锕系核素的焚烧。俄罗斯国家原子能公司政企合一，是行业的管理者，其建设的 RT-1 厂是俄罗斯最早的动力反应堆乏燃料后处理设施，也是俄罗斯唯一在运的后处理厂，于 1977 年投入运行，设计能力为 400 t/a，实际处理能力为 160 t/a。

（一）产业政策

俄罗斯从苏联开始坚持核燃料“闭式循环”。俄罗斯是世界上最早进入核电开发领域的国家之一，苏联为军用进行了大规模后处理，后实施核工业军转民，将一部分核军事能力转化为民用产能，服务国民经济建设。苏联按照闭式核燃料循环原则建立了完整的核工业科研与生产体系，在苏联解体后，俄罗斯仍坚定采用核燃料闭式循环政策，进一步贯彻落实后处理政策。2000 年后，俄罗斯出台了《乏燃料处理理念和长期计划》，完成燃料循环后段行业顶层设计，系统部署落实了后处理行业发展方向和重点项目。在 2014 年俄罗斯政府颁布的《俄联邦“核工业综合体发展”国家纲要》中，提出建设具有世界竞争力的闭式核燃料循环目标。

坚持“后处理+快堆”的“闭式循环”路线。虽然截至 2011 年俄罗斯仅有 11%的乏燃料得到了后处理，但在当年批准的《2030 年前核能材料和设施生命周期终结段发展战略》（简称《2030 前战略》）基本准则中，俄罗斯宣称其目标为在 2030 年对乏燃料进行 100%后处理，并进一步宣称要实现基于快堆的“闭式循环”路线。为达成这一目标，俄罗斯在快堆的开发和应用方面做了大量工作，快堆技术处理国际领先地位，目前俄罗斯国家杜马已经批准了其快堆规模化建设的计划。

高度集中的核工业体制在俄罗斯后处理产业发展中得以体现。俄罗斯不存在私有化或市场化的现象。俄罗斯国家原子能公司作为行业管理者，拥有全部乏燃料及后处理产生的铀、钚的所有权，并制定了企业储备金制度，为乏燃料后处理提供了稳定的资金来源。

为核出口国提供乏燃料全寿期管理服务。在全球坚持核燃料“闭式循环”技术路线的国家中，俄罗斯是唯一提出对国际客户提供乏燃料全寿期管理服务的国家，客户国家不必担忧乏燃料处理处置问题。俄罗斯曾提出核燃料租赁政策，通过制定一揽子合作方案，为进口俄核电国提供燃料供应、乏燃料后处理、高放废物处置、核设施退役治理等配套服务，促进俄罗斯核燃料产业链的整体发展。

（二）法律法规

俄罗斯的乏燃料管理法律法规体系分为三个层次：第一个层次由俄罗斯联邦宪法、国际公约、联邦法律以及由总统颁布实施的政府法律法规和技术法规组成，其中最重要的三部法律是《原子能利用法》《居民辐射安全法》《放射性废物管理法》。俄罗斯政府加入了核领域的5个国际公约：《核安全公约》《乏燃料和放射性废物管理联合公约》《核材料实物保护公约》《核事故损害民事责任公约》《及早通报核事故公约》。第二个层次由俄罗斯核安全监管当局颁布、实施的原子能利用领域的联邦标准和条例、行政管理条例、指导文件及安全指南等特殊的技术法规组成。第三个层次主要是由非强制性的国家标准及企业标准等组成。俄罗斯乏燃料管理法规体系见图9。

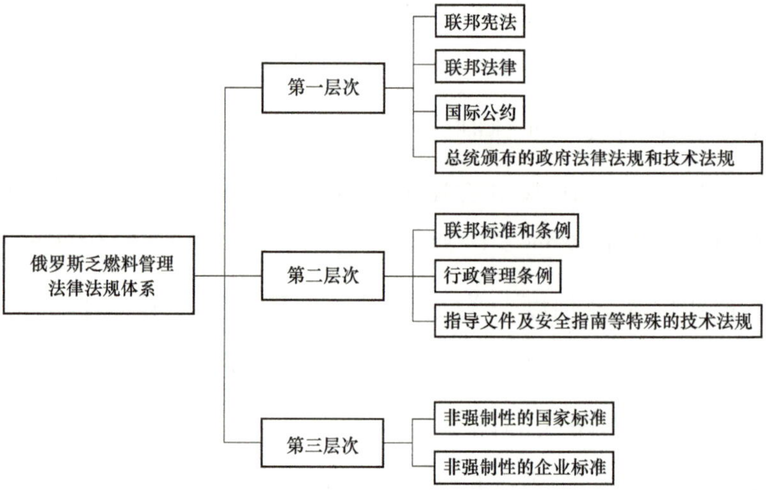

图9　俄罗斯乏燃料管理法律法规体系

1.《原子能利用法》

该法是俄罗斯核能利用方面最重要的法律。该法经俄罗斯国家杜马和联邦委员会于1995年11月21日通过，先后经过六次修改，目前施行的是2004年8月22日修改后的最新版本。该法由16个部分共70条组成，阐述了俄罗斯原子能应用的目的和原则，明确政府机构监管职责，规定了核装置、放射源与贮存地的选址、建造和自然保护，规定核材料、放射性物质与放射性废物的使用要求，以及对进出口管理、国际义务履行等方面予以明确。该法还专门规定了带有核装置与放射源的船舶与其他航行器、航天与航空器建造和使用的特别规定，另外还特别强调公民参与在原子能利用领域的权利。

2.《环境保护法》

该法规定了国家环境保护政策的法律框架，确立了环境保护主要原则，明确了容许影响环境的管理极限。第 721 号法令确定了俄罗斯乏燃料管理的主要原则。

3.《放射性废物管理和对一些现行联邦法律的变更》

《放射性废物管理和对一些现行联邦法律的变更》也称《放射性废物管理法》，简称《俄放废法》。该法是福岛核事故后俄罗斯在核立法方面的新举措。该法建立了俄罗斯放射性废物管理的法律框架，代表了放射性废物管理的国家政策，要求建立一个放射性废物统一管理的国家体系，并规划建设中、低放废物处置场和高放废物处置场，加强放射性废物的安全处置。此外，还规定了放射性废物管理活动不同参与方的地位与权限，确定了放射性废物与放射性废物设施的所有权，以及一参与方向另一参与方转让权利的程序。

（三）产业规模

1. 后处理产能建设

俄罗斯目前仅有一家 RT-1 厂，正在完善 PDC 示范工厂，曾经投入建设的 RT-2 厂未完工。

RT-1 后处理厂是 20 世纪 60 年代，在苏联启动大规模民用后处理项目时建设的。RT-1 厂基于军用后处理厂的技术，采用了与法国 UP2-400 厂类似工艺建设，设计能力为 400 t/a。RT-1 厂在工艺设计上有很多独到之处，在经过多次改造后，目前已经可以处理包括 VVER-440、BN-600 在内的多种类型乏燃料。RT-1 厂自 1976 年投入运行以来，实际处理量约为 100～130 t/a，除处理本国乏燃料外，还为 7 个国家（芬兰、德国、乌克兰等）处理了 2 400 吨乏燃料，至 2019 年底，共累积处理乏燃料超过 6 500 吨。

PDC 示范工厂是俄罗斯正在建设的，其定位为工程试验平台。PDC 示范工厂最大设计特点为不排放放射性废液，并且大幅减少放射性固体废物的产生，这将为内陆后处理厂的环境排放问题提供解决方案。2015 年，俄罗斯 PDC 示范工厂第一阶段，即处理能力为 5 t/a 的研究热室建设完成，2016 年开始技术测试，2018 年 5 月完成测试，2019 年 1 月启动运行。PDC 示范工厂第二阶段，即处理能力 250 t/a 的示范后处理厂，计划于 2021 年投入试运行。

RT-2 厂是在 RT-1 厂投入运行的同时，为满足核能大力发展带来的后处理需求，由苏联决定建设的。RT-2 厂的设计处理能力为 1 500 t/a，于 1984 年在克拉斯诺亚尔斯克矿化厂区内开建，但由于包括技术在内的多种原因，1989 年该厂在建设进度 30%左右时停止了建设。俄罗斯表明要根据 PDC 示范工厂的建设情况及先进后处理工艺流程的开发进度，决定重启 RT-2 厂的时间。俄罗斯的选择表明技术成熟度是其后处理产业发展的重要考虑因素之一。

2. MOX燃料厂产能建设

为实现俄罗斯快堆循环的闭式循环目标，俄罗斯在克拉斯诺亚尔斯克矿化厂区建立了一条60 t/a的快堆MOX燃料生产线，该生产线于2014年投运，当年生产了20组MOX燃料，2020年的生产量为169组。目前，该生产线生产的MOX燃料供BN-800快堆使用，按照俄罗斯的计划，未来也将为BN-1200快堆提供MOX燃料。

（四）资金来源及项目建设运营管理模式

俄罗斯国家原子能公司是核电与核燃料大一统、政企合一体制，一切与乏燃料有关的费用均由政府机构从当年的政府预算中支出，并按照计划统一安排乏燃料的处理处置。核电站将乏燃料运至后处理厂后，乏燃料后处理以及废物处置等都按计划由政府拨款。核电企业运营所获得的收益也基本全部上缴联邦政府。

四、英国

英国早期一直坚持核燃料“闭式循环”路线，并基于对海外市场的乐观估计，在本国有限的氧化物乏燃料后处理经验上，建设并运行了THORP厂。但由于国际核电发展形势的变化，以及THORP厂自身运行中出现的问题，使其运行业绩低于预期，以提供国际后处理服务为主要目的的THORP厂最终在2018年关闭。

（一）产业政策

英国自1952年在塞拉菲尔德开始乏燃料后处理以获取军用钚

以来，开始实施核燃料的“闭式循环”政策。

国有企业私有化后铀、钚归属核电企业。英国早期的核电企业为国有企业，其运行的核电站与军用产钚的镁诺克斯反应堆类似。核电产生的乏燃料在转交同为国有企业的英国核燃料公司时，乏燃料及后处理回收的铀、钚产权也转给了该公司。在英国对国有企业私有化之后，乏燃料及后处理回收的铀、钚的产权不再转移，仍归核电企业所有。同时根据2008年《能源法》的规定，在核电站运营期间，运营商需要向一个安全的独立资金账户中预留足够资金，用于废物管理与处置。

在“三返回”前提下开展境外后处理服务。同样，英国法律允许在英国境内为外国核电用户提供乏燃料后处理服务，也同时规定后处理回收的铀、钚，以及放射性废物必须返回产生国，规定钚必须以MOX燃料形式返回，而放射性废物以等效放射性总活度的固化块形式返回。

在2018年关闭THORP厂后，对于乏燃料管理，英国政府当前并未作出强制性规定，而是本着尊重核设施业主的意愿原则，或全部进行后处理，或部分进行后处理，其余部分暂时贮存起来，由业主自行决定适当的乏燃料管理策略。

（二）产业规模

1. 后处理产能建设

英国建有镁诺克斯（1 500 t/a）和THORP（900 t/a）两个后处理厂。

镁诺克斯厂主要用来处理本国的镁诺克斯反应堆乏燃料，由于英国镁诺克斯反应堆在2015年就已全部停运，其积累的乏燃料也基本处理完毕，因此该厂预计在 2021 年关闭。至 2019 年底，镁诺克斯厂已累积处理乏燃料超过 50 000 吨，至运行结束总处理量预计为 55 000 吨。

THORP 厂是英国基于对全球核电市场的预期，以提供国际后处理服务为主要目的，由英国核燃料公司筹资修建的。THORP 厂于 1974 年提出建设构想，于 1992 年完工，1994 年试运行，1997 年正式获得运行许可证。

THORP 厂受经济和技术双重因素影响提前关闭。由于英国仅掌握有限的氧化物燃料后处理经验，导致 THORP 厂正式投入运行的第一年就发生了硝酸泄露事件并导致设施关停近三周。此后，THORP 厂发生了一系列设备故障、事故、管道泄漏、堵塞以及为 THORP 厂配置的唯一高放废物蒸发器发生腐蚀等问题。2005 年 4 月，工厂发生的三级国际核事件更是直接导致 THORP 厂后处理产能降低了 50%。因此，尽管 THORP 厂设计处理能力为 1 200 t/a，但只是在基本负载期（即运行前十年）的产能缓慢提升至 1 000 t/a，此后的生产能力定为 850 t/a。除此之外，THORP 厂面临着巨大的经济困境，即在签订第一期合同（1993—2002 年）后，未能赢得任何新的额外合同。由于经济和技术的双重原因，在累计运行 25 年，处理了来自世界 9 个国家 34 个客户约 9 500 吨乏燃料后，THORP 厂于 2018 年 11 月关闭。

2. MOX 燃料厂产能建设

为推动 THORP 厂回收钚的应用，英国核燃料公司筹资在塞拉菲尔德建立了一座 120 t/a MOX 燃料工厂（SMP），SMP 于 1997 年建成，直至 2001 年 10 月才完成性能验证被批准运行，但由于技术问题，SMP 未能达到预设的生产目标，于 2011 年关闭。在 SMP 运行期间，总计仅生产了 13.8 吨 MOX 燃料（仅为设计产能的 1%），大量的钚库存仍未实现再循环。正是由于配套的 SMP 未能将 THORP 厂的分离钚及时用来生产可在动力堆中使用的 MOX 燃料，导致英国及委托其进行后处理服务的国家在该场址库存大量的分离钚，预计贮存和管理这些库存钚将需要很长的时间和高昂的成本。

目前，英国仍在积极推进后处理回收钚的再循环利用，并提出了三种解决方案，分别为在英国民用核电站使用 MOX 燃料、在 CANDU 堆中使用 CANMOX 燃料以及在钠冷快堆 PRISM 中使用 Zr/U/Pu 燃料，然而最终的选择方案尚未确定。

（三）项目建设运营管理模式

基于对国际市场的预期，英国核燃料公司提出了在塞拉菲尔德建设大型后处理厂（THORP）计划，以期在为日本、德国等国家产生的轻水堆乏燃料提供后处理的同时，也可处理英国先进气冷堆乏燃料。

英国核燃料公司作为 THORP 厂的业主，负责 THORP 厂的建设和运营管理，并通过商业合同与国内外有关核电企业建立起合作关系。2005 年 1 月，THORP 厂的所有权转给了新成立的英国核设施退役管理局。

（四）资金来源

THORP 厂的建设和运行资金是通过与核电公司签订乏燃料后处理服务合同来获取的。其中，英国核电公司的资金主要来自其缴纳的乏燃料储备金，而国外部分则是通过提供后处理服务的商业合同预付费方式取得的。据报道，THORP 厂建设始于 1984 年并在 1992 年完工，根据 1989 年价格，其上报的成本（但未经独立核算）为 28 亿英镑（按 2019 年价格为 78 亿英镑），其中，大部分资金来源于海外客户。此外，英国核燃料公司利用其市场优势，将“成本加成”合同强加给海外客户，换言之，无论英国核燃料公司的运行成本是多少，这些客户都必须支付额外的利润。

五、美国

美国在 20 世纪 70 年代初建成了处理能力为 1 500 t/a 的商用后处理大厂，但政治和经济的双重因素影响了美国后处理产业发展，导致其建成的后处理大厂并没有投入商业运行，即美国是唯一一个五常国家中没有选择进行动力堆乏燃料商业后处理的国家。然而美国一直没有放弃后处理科研，在全球后处理技术研发市场上，尤其是防扩散后处理流程上，美国仍具有强大的话语权。

（一）产业政策

1. 核燃料循环政策

美国尽管保持着强大的后处理科研能力并具备商业生产潜力，但暂时放弃了动力堆乏燃料后处理，其对核燃料循环的态度经历了多个阶段转变。

早期起步阶段，支持商业后处理并率先建成商用后处理厂。美国是世界上最早建成军用和商用后处理厂的国家。20 世纪 60—70 年代，美国曾经建设了 3 座民用后处理厂，但目前均处于关停状态。南卡罗莱纳州巴恩韦尔厂处理能力为 1 500 t/a，政策变化导致其未完成调试就直接被关停；纽约州西谷厂 1963—1972 年运行，因安全合规改造费用过高而关停；伊利诺伊州莫里斯厂因为新工艺失败而关停。

卡特政府时期支持“一次通过”，反对商业后处理。该阶段从卡特政府时期开始。1974 年，印度利用美国援助的后处理项目回收的第一批钚制造核武器，引起了美国警惕。出于核不扩散的考虑，1977 年，美国总统卡特制定了冻结快堆和后处理的核能政策，主张“一次通过”的循环方式。该阶段持续到克林顿政府时期。

小布什政府时期对后处理的态度向积极转变。该阶段发生在小布什政府时期，主要体现在《新能源法案》的通过和“全球核能合作伙伴倡议”（GNEP）的提出。小布什政府认为不是所有国家都应该掌握后处理技术，因此 GNEP 的核心观点在于让核武器国家和日本为其他无核武器国家提供后处理服务。

“一次通过”受处置场选址等因素影响暂停。在奥巴马政府时期，GNEP 由于国际上缺乏响应被迫暂停，后处理和尤卡山最终地质处置项目也同时暂停，乏燃料通过长期集中贮存的方式进行管理。由于乏燃料和高放废物处置工作陷入僵局，2013 年，能源部根据蓝丝带委员会报告和建议，发布了乏燃料管理战略计划，明确了未来管理处置技术方案及措施。

尤卡山项目几经波折但仍被拜登政府反对。2018 年，美国众议院议员表决结果通过了《核废物政策修正案》，该法案要求重启内华达州尤卡山处置库的许可证审批程序，随后还获得了能源部预算支持，尤卡山项目再次提上日程。然而 2021 年 1 月，美国总统拜登提名的能源部部长在参议院能源和自然资源委员会审议提名的听证会上表示，拜登政府反对尤卡山乏燃料贮存项目，并致力于开发“安全可行的”替代项目。

美国考虑是否重启商业后处理。2016 年 8 月，美国重启了萨凡纳河军用后处理设施，开展研究堆乏燃料后处理工作。而 2021 年，美国能源部负责核能事务的能源部助理部长以个人名义发表了公开声明，表示了对后处理的支持。这些信号表明美国可能进入核燃料循环政策重新选择阶段。

2. 乏燃料基金管理

美国核电公司向能源部缴纳核废物基金，能源部负责处置其乏燃料。美国 1982 年颁布的《核废物政策法》就已经明确规定国家（能源部）对核电站乏燃料负有管理责任和义务，核电公司向能源部按度电缴纳核废物基金，缴纳标准为 0.1 美分/千瓦时（约合人民币 0.006 7 元），以 1983 年 1 月为界，之前产生的乏燃料折合成度电一次收取，之后则伴随着乏燃料的产生按年收取。核废物基金由能源部下属的民用放射性废物管理局负责管理。

无法按期处理乏燃料使能源部面临基金收取困境。核废物基金以前每年收取 7.5 亿美元的费用，截至 2016 年底，结余金额为 460 亿美元。核电公司在缴纳核废物基金时，要求美国能源部在 1998 年 1 月之前对缴纳基金企业的乏燃料进行妥善处理，然而由于尤卡山项目处于停滞状态，无法将乏燃料运离核电站，因此，在 2016 年，财政部判决基金支付了延迟赔偿金。

（二）法律法规

在乏燃料管理法律体系方面，美国国会负责颁布法律法规，提供拨款的立法指导，审议批准年度政府预算。美国涉及乏燃料管理的法律有1954年《原子能法》、1974年《能源重组法》、1982年《核废物政策法》、1992年《能源政策法》等。其中，《核废物政策法》对乏燃料管理作出详细规定，并确立了乏燃料管理的法律框架。

1. 1954年《原子能法》

该法是关于美国民用核能与军用核能最基本的法律。该法规定成立的美国原子能委员会，是核监管委员会和能源部的前身，其联邦职能是管理核物质、副产品、放射源以及民用反应堆。它同时规范了美国核材料与设施的开发和安全监管两方面的活动，并对后处理设施生产及转运非武器级钚作出了相关规定。

2. 1974年《能源重组法》

该法将1954年《原子能法》设立的原子能委员会职能进行了分离，分成了核监管委员会和ERDA（即现在的能源部）。能源部负责开发与生产核武器，并推动核电和其他核能相关的工作。核监管委员会负责对民用核能的监管。

3. 1982年《核废物政策法》

1982年通过的《核废物政策法》于1983年1月7日经正式签署成为法律。该法确立了联邦政府在深地质处置库中处置高放废物和乏燃料的责任以及政策。根据该法律，乏燃料被视同为高放废物，并要全部进行深地质处置。

该法授予美国能源部领导职能，新成立民用放射性废物管理办公室，并与核监管委员会、环境保护署、环境质量委员会和美国地质调查局协商履行责任。该法授权能源部建造一个地质处置库，由环境保护局建立适用的公共卫生和安全标准，而核监管委员会则为该处置库的建设、运营和退役制定许可法规。此外，用于运输高放废物和乏燃料的货包必须经核监管委员会认可。

该法还规定成立核废物基金，由核废物产生者和拥有者支付用于处置计划的款项，规定从 1983 年开始，各商业核电站每生产 1 千瓦时电力，需向联邦政府支付 0.001 美元的费用。所有商业核电站都必须与美国能源部签订合同。10 CFR 第 961 部分规定了乏燃料和/或高放废物处置标准合同。1993 年，国会还成立了国防核废物处置基金，贮存和处置服务的融资机制由美国能源部设定，初始定价为 0.001 美元/千瓦时。

4. 1992 年《能源政策法》

该法于 1992 年 10 月 24 日通过，第三部分规定了高放废物永久处置的国家政策，包括高放废物是国家的问题、高放废物处置是联邦政府的责任、废物产生者应支付费用、州及公众的参与是必要的、应保护当代人及后代人的公众健康、安全和环境等内容。该法进一步确定了美国处置库计划的方向，规定了必须制订尤卡山项目特定的标准和法规，即 40 CFR 197 和 10 CFR 63。如果美国寻求在尤卡山之外的其他地方建设处置库，需要对包括 40 CFR 191 和 10 CFR 60 在内的通用监管规定作出重大修订或代之以新的监管规定。

（三）产业规模

1. 后处理产能建设

美国在军用后处理厂技术的基础上，先后设计和建造了 3 个商用后处理设施，即通用电气公司的伊利诺伊州莫里斯的中西部燃料回收厂、联合通用核子服务公司南卡罗莱纳州巴威尔厂以及核燃料服务公司的纽约州西谷厂。西谷厂是美国唯一一座私营乏燃料后处理厂，设计处理能力为300 t/a，从1963年到1972年进行了商业运行。其他两个商业乏燃料后处理厂也进行了建设，但是从来都没有运行。

2. 乏燃料贮存

由于美国乏燃料后处理厂很早关停，乏燃料及高放废物处置场的建设计划又一再推迟，在处置场未建好之前，大部分乏燃料仍然贮存在核电站内。截至2019年，美国乏燃料总库存约为8.4万吨，每年还在以2 000～2 400吨的速度增加。目前，美国乏燃料在堆贮存以湿法贮存为主，而离堆贮存以干法贮存为主。

在集中干法贮存方案中，联邦政府接管乏燃料，并将通过贮存桶转移到一个集中的贮存地点。对于桶贮存而言，其好处一是贮存桶几乎不需要维护，其最大成本是贮存桶本身，具有较强的经济性；二是如果未来要把乏燃料从临时贮存场址运送到尤卡山或者其他地质处置库时，操作简便，具有较强的可操作性。

（四）技术发展

美国虽暂停商业后处理，但制定了各类计划推动后处理技术发展，包括2002年提出了先进核燃料循环计划、2006年提出了GNEP计划等。

防扩散是美国后处理技术发展的主要方向。1974年，印度采用美国提供的后处理技术分离出工业钚，使美国不得不考虑核不扩散政策，同时，也在后处理工艺流程上做了大量的研究工作，阿贡国家实验室提出的 UREX+流程，就是以回收铀为目的，避免从乏燃料后处理过程中分离纯钚的流程。

六、日本

日本一直坚持核燃料“闭式循环”路线，致力于掌握后处理技术，制定了各类计划推动后处理技术及产业发展。日本在东海村后处理厂基础上引进法国技术建设的六个所村后处理厂，原计划 1997 年投入运行，已推迟了 25 次，目前计划于 2023 年投入运行。

（一）产业政策

日本是一个缺乏天然资源的国家，因此，十分重视核能的开发和利用，包括对乏燃料进行后处理并利用回收核材料。早在 1956 年，日本原子能委员会就在出台的《原子能利用长期规划》中明确了“应尽可能在日本国内开展核燃料后处理”的核燃料循环后段基本策略，即使在福岛核事故后，日本也依然坚持“闭式燃料循环”的发展路线，并在 2014 年《乏燃料管理安全和放射性废物管理安全联合公约——日本国家报告》指出，要“坚定地推进乏燃料后处理以及在轻水堆中使用钚”。目前已经有 4 个反应堆获得批准并正在使用法国生产的 MOX 燃料，预计到 2030 年初，获批的反应堆将达到 12 座。

日本出台了一系列政策以实现核燃料“闭式循环”的目标，即首先在轻水堆中使用 MOX 燃料，然后再与快堆计划结合，实现钚在快堆中的再循环。

一是出台“钚热计划”，开始实施乏燃料后处理。为推进钚在热中子反应堆的应用，日本于 1994 年启动了“钚热计划”，开始将乏燃料运到欧洲进行后处理。截至目前，日本的乏燃料有 4 200 吨由英国处理，2 900 吨由法国处理，产生的高放废物经玻璃固化后返回至日本，产生的钚一部分已经被制作成 MOX 燃料并返回日本。

二是出台“无过剩钚”的配套管理政策，努力减少钚库存。2003 年，日本原子能委员会宣布了该政策，要求电力公司每年向其递交下一年度钚利用计划，内容包括：当前的钚库存、钚的计划使用情况、后处理量、钚使用量、MOX 合同计划及产量等。该计划于 2018 年作出了第一次修改，一是要求将六个所村后处理厂从乏燃料中提取钚的量限制在生产 MOX 燃料所需钚的量之下；二是对于贮存在日本国外的钚，敦促相关电力公司与海外开展密切合作，以稳步减少海外钚贮存量。2021 年，日本电力联合会基于日本六个所村后处理厂和 MOX 燃料制造厂的最新计划，发布了最新 MOX 燃料使用计划（修订版）。日本电力联合会根据各家公司截至 2021 年 1 月的运行计划估算，日本核电站 2021 年将使用 0.2 吨钚，2022 年达 0.7 吨、2023 年达 1.4 吨，预计在 2026 年后开始使用国产 MOX 燃料。

三是出台《能源政策框架》，明确继续实施后处理计划。2005 年，日本原子能委员会对是否进行后处理进行了审议。在通过对经济性、乏燃料安全管理以及防扩散等各种因素进行详细的评价后，日本原子能委员会得出结论，认为对日本所有的乏燃料都进行后处理，依然是一种最优的方案，因此将维持日本核燃料“闭式循环”政策不变。同时，该计划确立了三大核燃料循环后段目标，即：加快推进核燃料再循环和快堆项目的开发进程；加快建设六个所村核燃料循环综合设施；到 2025 年建成首个原型堆，到 2050 年实现快堆的商业化应用。

四是出台新能源战略计划，增强乏燃料贮存能力。2014 年出台的新能源战略计划表明，日本政府将采取措施，以促进新的中间贮存设施和干法贮存设施的建设和利用，并将坚定地推动乏燃料后处理以及在轻水堆中使用钚。

（二）法律法规

为夯实核电企业责任，日本颁布了一系列有关乏燃料管理的法律。

1957 年，日本颁布《反应堆管执法》，规定核电业主对乏燃料及其后处理产生铀、钚负有管理责任。

2005 年，日本颁布《后段法》，提出建立乏燃料基金，明确乏燃料基金征收范围与征收标准，进一步夯实了核电企业的责任，并要求建立相应的基金管理机构。

2016 年，日本对《后段法》进行修订，专门提出在日本经济产业省成立了独立于日本电力公司的专门的基金管理机构（NURO），用于乏燃料基金管理。

（三）产业规模

1. 后处理产能建设

日本拥有东海村后处理厂及尚未投入运行的六个所村后处理厂。

东海村后处理厂是由日本政府出资建设、运行、管理的后处理试验基地，其定位于掌握技术、开发储备新技术、培养后处理人才。东海村后处理厂于 1956 年公布建设计划，1971 年动工，1981 年开始运行，设计产能为 90 t/a，直到 2006 年东海村后处理厂停运前，共处理了约 1 100 吨轻水堆乏燃料。东海村后处理厂在研究和开发方面取得了很多良好成果，最为突出的成果为验证了 PUREX 流程，并自主研发了玻璃固化工艺，为日本后处理产业发展奠定了技术基础。

六个所村后处理厂是日本为了缓解国内乏燃料管理对核电发展带来的压力，同时为了建立一个独立自主的核燃料循环工业体系由国内投资建设的。六个所村后处理厂的设计能力为 800 t/a，主工艺流程采用法国技术，高放废液浓缩和酸回收的减压蒸发工艺采用英国技术，溶解废气中除碘采用德国的干法工艺，而某些辅助性设施如铀、钚的转化和高放废液的玻璃固化，以及一些转换与固化设施，采用日本核燃料循环开发机构开发的技术。六个所村后处理厂 1993 年开始施工建设，2002 年建成，主工艺调试顺利，但采用本国技术建设的玻璃固化线直到 2014 年才完成调试。由于玻璃固化线的问题，造成工程延期 68 个月，成为六个所村后处理厂整个工程建设中的最大延期因素。后又受神户及福岛地震影响，安全标准提高，六个所村后处理厂比原来计划的 1997 年投运推迟了 25 次，预计最早于 2023 年投入运营。

2. MOX 燃料产能建设

截至目前，日本的乏燃料有 4 200 吨由英国处理，2 900 吨由法国处理，产生的钚一部分已经被制作成 MOX 燃料并返回日本，但仍有 36.6 吨钚还在法国和英国等待处理，8.9 吨钚贮存在国内。

为了减少钚库存，日本在六个所村地区建设了一座 MOX 燃料制造厂，将后处理厂产生的铀、钚优先生产为 MOX 燃料，多余的铀制成UO_2。目前该MOX燃料厂已经获得了改造许可证，预计2024年可投入运行。

（四）项目建设运营管理模式

六个所村后处理厂隶属于日本核燃料有限公司，其是一家由日本 10 家电力企业为发展日本核燃料循环业务出资组建的民营股份制公司，业务范围包括乏燃料后处理、MOX 燃料制造、玻璃固化废物贮存、中低放废物处置、铀浓缩厂等。

日本核燃料有限公司负责后处理厂的一切工作，下设后处理处（原日本核燃料有限公司的技术部）负责设计、建造和运营。在建造阶段，由于是各电力公司自己出资建设，有自己后处理的积极性，日本政府也要求将来乏燃料由电力公司自己处理，因此六个所村后处理厂的建设过程没有总承包商，日本核燃料有限公司将建设项目按照子项承包给不同的日本公司，由各个日本公司负责所承包子项的施工设计、建安和调试。然而日本核燃料有限公司选择的子项承包商，并不是通过竞标产生的，而是根据经营关系选择的，主要承包商与股东关系密切、势力大，导致日本核燃料有限公司相对弱势，难以成为强有力的项目组织者，进一步导致建设过程中合同衔接混乱，技术、进度和投资均未能得到有效的控制。

（五）资金来源

日本核燃料有限公司负责六个所村后处理厂的建设和运营，10 家电力公司负责进行六个所村后处理厂建设和运营资金的筹措。六个所村后处理厂最初建设概算为 8 400 亿日元（约 70 亿美元），全部由各电力公司投资；后来因预算超概增资的部分，大约一半来自于电力公司增资，一半为新增民间股东和银行贷款。目前，六个所村后处理厂的总投资已经增加至 2.9 万亿日元，其中 70%为电力公司投资，30%为民间股东和银行贷款。

根据日本经济产业省颁布的《后段法》，日本在 2000 年完成国际商业后处理合同后，本国内的乏燃料管理开始施行基金制度，其中后处理基金于 2005 年设立，征收标准为 0.5 日元/千瓦时（约合 3.3 分人民币），由政府通过向所有发电公司、配电批发企业以及电力零售企业（包括核能和非核能相关企业）征收专项费用充实基金账户，从而使六个所村后处理厂建设运行给该国的核能发电企业所带来的融资风险大大降低。后处理基金不纳入财政统一管理，而是由经济产业省规定的非营利性、独立于日本电力公司的基金管理机构来管理，该机构负责收取、支出、投资基金，一方面使基金的使用更为透明，另一方面后处理公司不需要与每个核电站逐个谈判签合同，简化了操作。但是，在基金使用时日本核燃料有限公司必须每年按照具体的计划，向经济产业省提出申请，被批准后，才可从专门管理该基金的机构提取资金使用。

2016 年 4 月开始，由于日本实施电力零售全面自由化改革，导致电力市场竞争加剧，日本电力行业的经营环境发生了变化。为应对新环境对乏燃料后处理带来的不利影响，2016 年 5 月，日本对《后段法》进行修改，改变了基金计提方式，从原来的按照发电量收费，改为按照乏燃料产生量收费。

尽管六个所村后处理厂超概严重，但由于日本法律规定了核电企业对铀、钚的管理责任，日本核燃料有限公司能够不断从核电企业筹措到六个所村后处理厂的建设资金。为了降低六个所村后处理厂建设运行给核电企业带来的资金压力，日本核电企业采用“专项成本征费”的名义，通过电网输电费和零售电费两种收费渠道，对核电和常规电不加区分地进行征收，征收标准为 0.5 日元/千瓦时。但必须认识到，日本可以采用“专项成本征费”名义收取费用，是得益于日本十大电力公司（全部拥有核电装机）均为区域性发输配送一体化的公用事业单位的特殊性。

七、印度

从 20 世纪中期开始，印度以“和平利用”为由，通过“引进、吸收、消化、再发展”的方式逐步建立起完整的核工业体系，包括完整的核燃料循环工业体系。印度在后处理方面取得的成绩，源于印度对核特殊地位的高度重视，源于印度对军民两用敏感技术的持续发展。在印度核武器计划的推动下，经过多年的自主开发，印度包括后处理在内的核燃料循环技术，已经走在了世界的前列。

（一）产业政策

为缓解“能源饥渴”，解决国内化石燃料匮乏的问题，印度对核能的使用和发挥核能潜力自始至终都表现出极大兴趣。由于铀资源有限，钍资源丰富，为了使核能可持续和有序发展，印度早在 20 世纪 50 年代，就发布了“和平利用核能”的三个阶段核能计划，以期建立一个基于钍的核能工业体系。

第一阶段，利用天然铀作为热反应堆的燃料，建设加压重水堆和核燃料循环设施，主要目的是发电和通过乏燃料后处理产生钚；这一阶段目标已经实现，设施已经进入商业化。

第二阶段，乏燃料后处理产生的钚在快中子增殖反应堆中再循环，钍也作为再生区材料进行辐照，以便在反应堆中生成铀-233。

第三阶段，由钍燃料循环产生的铀-233 将与钍一起用于维持发电，即采取铀–钚循环及钍–铀循环战略。

目前，印度处于核能计划的第二阶段，对快堆的研发展示出极大的兴趣，已经建成 40 MW 的实验快堆，正在建设 50 万 kW 的示范快堆。然而根据印度的计划，钍资源的利用要在商业快堆运行 30～40 年之后才开始进行部署。

（二）产业规模

在热堆乏燃料后处理方面，印度目前拥有 4 座在运后处理厂以及一座在建后处理厂。特朗贝后处理厂是印度的第一座军用后处理厂，承担着印度后处理技术开发的任务，1964 年投运至今，其年处理能力从 30 吨扩大到 60 吨。塔拉普尔 PREFRE1 后处理厂是印度第二座后处理厂，在美国通用电气公司的协助下建造，主要用于处理天然铀氧化物乏燃料，处理能力为 100 t/a，其产品为快中子堆和 MOX 燃料厂提供原料。塔拉普尔 PREFRE2 后处理厂在塔拉普尔 PREFRE1 后处理厂的基础上，由印度本国自主建造，同样用于处理天然铀氧化物乏燃料，处理能力为 100 t/a，在 2009 年完成升级后，可用于处理快堆碳化物乏燃料。塔拉普尔 PREFRE3B 后处理厂用于处理高燃耗乏燃料，处理能力为 100 t/a，用于给快中子堆供料。目前，卡尔帕卡姆 PREFRE3A 后处理厂仍在建设中，处理能力为 100 t/a，计划为第二、第三阶段核能计划中的反应堆系统供料。

在快堆乏燃料后处理方面，印度拥有一座在运快堆乏燃料后处理厂，以及两座正在建设的快堆乏燃料后处理厂。2003 年在卡尔帕卡姆建成的 CORAL 后处理厂处理了 FBTR 实验快堆乏燃料，目前其设计处理能力为 12 kg/a。示范快堆乏燃料后处理厂 DFRP 基于 CORAL 的工艺和设备经验进行建设，其设计能力为 100 kg/a。原型快堆乏燃料后处理厂 FRP 于 2015 年开始建设，采用印度自主开发的后处理技术，用于处理印度原型快堆乏燃料，该厂的建成将标志着印度商业快堆核燃料闭式循环技术达到新的里程碑。

（三）技术发展

核能计划决定印度后处理技术方向。印度核燃料循环涉及铀–钚循环、钍–铀循环，因此，其乏燃料后处理技术也相应涉及 PUREX 流程、THOREX 流程和快堆乏燃料干法后处理等工艺流程的开发和改进。目前印度在运的后处理厂都采用了 PUREX 流程。尽管 PUREX 流程已经十分成熟，但印度仍在不断改进工艺，以达到更高的回收率和更少的废物体积。随着核能计划的推进，印度启动了实施钍燃料循环的各种措施，其中之一就是研发了 THOREX 流程。该流程在 PUREX 流程基础上，增加了一个全新的环节，即需要考虑铀、钚、钍三种成分的分离。在快堆后处理技术上，印度正在积极开发干法后处理工艺，并开发了高温化学流程。

<< 第二篇

热点跟踪

第七章

趋势展望

一、国际核燃料市场需求预测及展望

福岛核事故后，日本核电机组重启的步伐非常缓慢；德国、比利时等国放弃发展核电，不少机组提前关闭；韩国弃核，核电机组接连关闭；法国计划通过增加可再生能源发电比例将核电份额降至50%；欧美等老牌核电国家在未来 10～15 年将迎来核电机组退役高潮；受到新冠肺炎疫情的影响，新兴国家核电发展速度将进一步放缓。这些因素都将导致国际核燃料市场需求预期不断下调，再考虑到过剩的一次供应产能与庞大的库存，预估未来一段时间内国际核燃料市场仍将处于供大于求、竞争激烈的状态。铀转化、铀浓缩国际市场价格虽有所回暖，但由于仍然缺乏强大的市场需求牵引，核燃料价格上升空间有限，长期回暖可能性不高。

（一）国际核燃料市场需求预测

根据世界核能协会“核燃料报告 2019—2040”统计，中情景

审核：白云生，中核战略规划研究总院副院长。

下，2021—2035 年国外核燃料市场需求预计走势如图 10 所示。

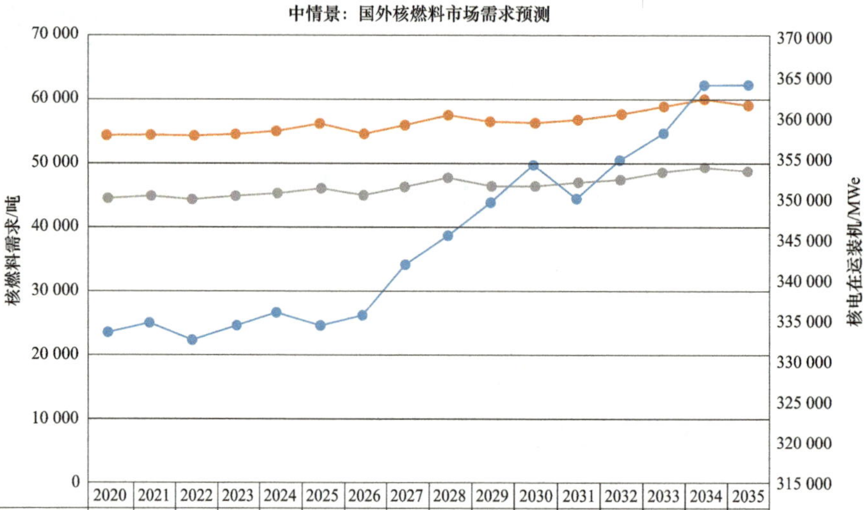

	2020	2021	2022	2023	2024	2025	2026	2027	2028	2029	2030	2031	2032	2033	2034	2035
铀转化需求	54 70	54 87	54 54	54 94	55 50	56 42	54 97	56 32	57 90	56 65	56 53	57 15	58 02	59 21	60 37	59 45
铀浓缩需求	44 71	44 83	44 68	45 03	45 51	46 17	45 29	46 42	48 00	46 71	46 61	47 12	47 76	48 81	49 70	49 07
核电在运装机	333 4	334 8	332 5	334 4	335 9	334 3	335 8	342 0	345 7	349 6	354 3	350 0	354 9	358 0	364 0	364 2

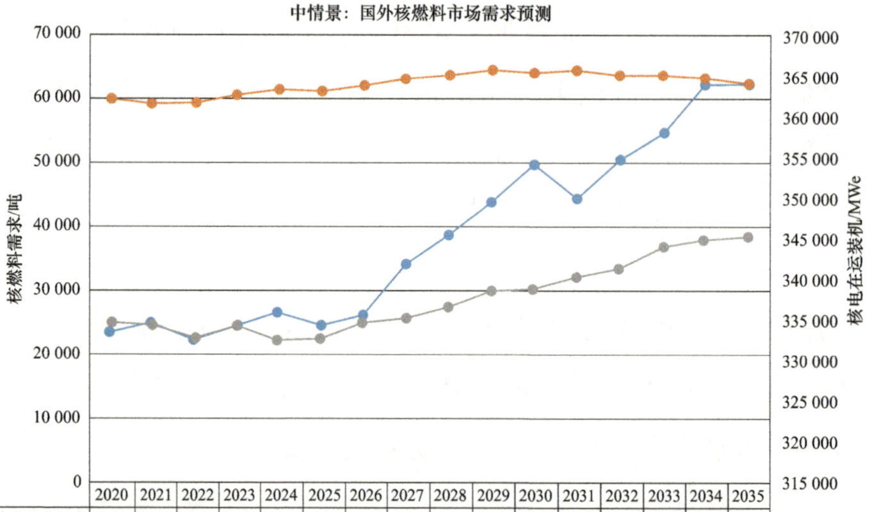

	2020	2021	2022	2023	2024	2025	2026	2027	2028	2029	2030	2031	2032	2033	2034	2035
轻水堆元件需求	59 87	59 22	59 35	60 75	61 35	61 11	62 02	63 15	63 50	64 45	64 16	64 57	63 79	63 63	63 15	62 38
重水堆元件需求	24 98	24 62	22 82	24 48	22 32	22 39	24 91	25 62	27 37	29 92	30 35	32 06	33 53	36 95	37 90	38 31
核电在运装机	333 4	334 8	332 5	334 4	335 9	334 3	335 8	342 0	345 7	349 6	354 3	350 0	354 9	358 0	364 0	364 2

来源：WNA 核燃料报告 2019—2040

图 10　中情景下国外核燃料市场需求预测

除去中国市场，中情景下全球核电市场仍将稳步提升。其中，主要的新增市场国包括阿根廷、孟加拉国、巴西、保加利亚、白俄罗斯、捷克、埃及、印度、伊朗、墨西哥、巴基斯坦、波兰、沙特阿拉伯、土耳其、阿联酋、乌兹别克斯坦、罗马尼亚等国家，铀浓缩需求见表 13。

此外，随着在役核电站的退役，未来一些老牌核电国家的市场将逐步萎缩，包括比利时、德国、荷兰、西班牙、瑞典、瑞士、乌克兰等。

表 13　中情景下主要新增核电市场国家铀浓缩需求预测

单位：tSWU

国家	2020 年	2025 年	2030 年	2035 年
阿根廷	6	6	154	148
孟加拉国	0	151	309	313
巴西	299	724	516	695
保加利亚	279	279	282	439
捷克	562	575	583	590
埃及	0	0	370	506
伊朗	134	489	406	548
印度	460	1 029	901	2 054
墨西哥	194	197	199	361
巴基斯坦	459	521	852	1 205
土耳其	0	658	558	726
波兰	0	0	0	157
乌兹别克斯坦	0	0	515	260
阿联酋	484	640	648	656

来源：WNA 核燃料报告 2019—2040

到 2025 年，国外核电在运装机容量增加至 3.34 亿千瓦，国外铀转化市场需求增加至 5.64 万吨，铀浓缩 4.62 万吨，轻水堆核燃料元件 6 111 吨。

到 2030 年，国外核电在运装机容量增加至 3.54 亿千瓦，国外铀转化市场需求增加至 5.65 万吨，铀浓缩 4.66 万吨，轻水堆核燃料元件 6 416 吨。

到 2035 年，国外核电在运装机容量增加至 3.64 亿千瓦，国外铀转化市场需求增加至 5.94 万吨，铀浓缩 4.91 万吨，轻水堆核燃料元件 6 238 吨。

综上，到 2035 年，国外核电在运装机容量增加约 3 000 万千瓦，铀转化需求增加约 4 757 吨，铀浓缩需求增加约 4 359 tSWU，轻水堆元件需求增加约 251 吨，重水堆元件需求增加约 1 333 吨(重水堆元件市场主要在印度)。

（二）国际核燃料市场趋势展望

1. 铀转化市场回暖势头减弱

2019 年国际铀转化一次供应总产能利用率仅有 52%，二次供应在全球市场的占有份额仍然较大。因此，今后一段时间内，铀转化一次供应产能提升、新建项目的可能性不大，国际铀转化市场仍将处于供大于求的局面。未来随着铀转化商业库存的减少，二次供应的市场占比将逐年减少，对市场的影响也将变弱，届时市场供大于求的局面将有所改变。

2017 年底，美国康弗登铀转化厂的关停导致国际铀转化市场价格的快速回暖，在 2019 年达到历史最高点，约 18.5 美元/kgU。由于美国转化厂停产，促使该厂大量购买铀转化现货产品以满足原有客户需求，其购买现货产品的量影响着未来中期铀转化的市场需求，从而影响着中期铀转化市场价格的走势。铀转化市场短期内仍将维持缓慢上升的走势，这样持续回暖的趋势将不会长久。尽管铀转化市场价格的提升一定程度上给采购方带来了心理影响，但近中期铀转化市场仍然处于一个供大于求的局面，未来短期内市场价格出现大幅提升或下降的可能性不大。

2. 铀浓缩市场价格开始触底反弹

2019 年，在国际铀浓缩市场供大于求的环境下，国际主要的铀浓缩供应商都放缓了提升产能的计划，甚至以采取降低产能的方式来避免更换已达寿期的离心机设备。俄罗斯国家原子能公司等铀浓缩供应商为了追求经济性，选择降低运行尾料丰度来维持铀浓缩设施的持续运行。同时基于铀浓缩厂离心机运行时间越长成本核算越低的特点，国际老牌铀浓缩公司市场议价空间更大，拥有绝对的抢占市场优势。因此，近期国际铀浓缩市场难以出现新的市场竞争者，铀浓缩市场将长期处在供大于求的局面。根据预测，全球铀浓缩一次供应商的分离功产能远远满足到 2025 年的全球市场需求，从 2008 年至 2035 年间，全球将有近 38 万 tSWU 的过剩供应量。

相比于铀转化，铀浓缩服务的附加值更高，市场价格也更高。随着福岛核事故后市场需求的萎缩，铀浓缩市场竞争也更加激烈。然而，寡头垄断带来的市场供应依赖度可能产生巨大影响，如果这些供应商的任何一座铀浓缩设施产量下降，将如同美国铀转化厂关停带来的影响一样，为铀浓缩市场价格带来波动。

根据 2019 年铀浓缩价格逐渐开始回暖，可以推断 36 美元可能已触及国际主要铀浓缩供应商的生产成本，是供应商现货交易市场可承受的最低价格。但由于仍然缺少强大的核燃料市场需求牵引，未来铀浓缩价格持续回暖的可能性不高。未来影响铀浓缩价格走势的主要因素是核电商、供应商及中间商持有的过剩铀浓缩库存。过去几年这些库存大约占据10%的铀浓缩市场需求，顶替了一次供应商的部分产能，从而拉低了分离功的市场价格。根据预测，2019—2021年间，全球铀浓缩库存每年约为7 200 tSWU，仍然占据全球市场需求约13%，一定程度上影响了未来分离功市场价格的持续回暖。如果一些提前关停的核电机组所持有的铀浓缩库存在全球市场中流动起来，也会阻碍未来分离功市场价格回暖。同时，目前全球主要的铀浓缩商都采用离心技术，不能做到按需生产，会进一步累积铀浓缩库存，影响未来铀浓缩市场价格的回暖。

3. 核燃料元件市场竞争日益加剧

目前核燃料元件的国际市场主要被法马通公司、西屋电气公司、全球核燃料公司这三家老牌国际供应商占据，共占国际市场约64%。未来一段时间，由于国际核电发展速度放缓，核燃料元件市场需求增长受限，预测法马通公司等供应商的产能将不会有所变化，核燃料元件的国际市场将维持产能过剩的局面。但随着俄罗斯、韩国等新兴燃料供应商的市场介入，将进一步加剧未来核燃料元件的市场竞争局面。

近五年美国核燃料元件市场价格趋于稳定，基于美国在全球市场中占据着较大份额，其价格一定程度上反映了国际核燃料元件市场的趋势，预测未来一段时间国际核燃料元件市场价格普遍不会出现大幅上涨或下降。

未来影响核燃料元件价格走势主要有以下几个因素：一是国际

铀浓缩供应商相互合作、互换市场将加剧市场竞争力度，拉低市场价格，例如全球核燃料公司与俄罗斯核燃料产供集团在欧洲及美国压水堆元件设计及供应的合作将为压水堆元件市场带来更加激烈的竞争。二是新兴燃料供应商对欧美市场的突破，目前韩国核燃料公司正积极开发欧洲反应堆换料市场，如若韩国成功进入欧洲燃料市场，也将进一步加剧市场竞争。三是福岛核事故后，根据目前已经在部分国家实施的新的核安全要求，需要修改核燃料元件的设计以获得反应堆运行许可，多余的元件设计费将由核电商买单，一定程度上提升了元件购买价格。四是众多国际核燃料元件商都在不断研发更新核燃料元件，以提高在反应堆中的安全性与稳定性，预计未来 5～10 年将实现耐事故核燃料元件的商业应用，或将进一步提升元件的国际市场价格。

4. 西方市场供应格局短期内难以打破

国际铀浓缩市场以欧洲与美国市场为主，欧洲与美国的市场供需情况反映了全球的铀浓缩市场状况。目前欧洲及美国的市场供应格局已基本形成。2019 年，欧盟市场被欧安诺集团、欧洲铀浓缩公司及俄罗斯国家原子能公司共同占据了约 99%，美国市场被欧洲铀浓缩公司、俄罗斯国家原子能公司及本土供应占据了约 92%。欧安诺集团、欧洲铀浓缩公司、俄罗斯国家原子能公司在西方核电国家拥有极强的市场地位，从这三家企业年报上看，在供大于求、价格下行的市场环境下，欧安诺集团、欧洲铀浓缩公司、俄罗斯国家原子能公司在 2019 年仍在铀浓缩业务领域实现盈利。同时基于铀浓缩厂离心机运行时间越长成本核算越低的特点，国际老牌铀浓缩公司市场议价空间更大，拥有绝对的抢占市场优势。因此，近期西方国家的核燃料市场供应格局将不会有所改变，难以出现新的市场占有者。

5. 未来市场增量

随着西方国家核电的逐步退役，全球核燃料市场主战场将逐渐向中国及新兴核电国家转移。到 2035 年，国外市场净增量约为铀转化 4 757 吨、铀浓缩 4 359 吨、轻水堆元件 251 吨，且主要集中在阿根廷、巴西、保加利亚、印度、墨西哥、巴基斯坦、土耳其、阿联酋等国家。

二、2021 年国际天然铀价格大幅上涨

2021 年，国际天然铀市场价格从 8 月中旬的 30.75 美元/磅上涨至 9 月中旬的 49.88 美元/磅，涨幅超过 60%。本书综合了 UxC、世界核能协会、加拿大投资银行等机构的分析，总结出国际铀价上涨因素。

（一）SPUT 是本轮铀价快速上涨的主推因素

2021 年 4 月，美国著名贵金属资产管理公司斯普罗特收购加拿大 UPC 天然铀投资基金，并将其重组为斯普罗特实物天然铀信托（SPUT）。8 月 19 日开始，SPUT 连续发行融资并持续在现货市场采购。截至 9 月 16 日，SPUT 在不到一个月的时间内累计采购接近 3 600 tU，直接引爆了铀价，并引起全球市场的广泛关注。

SPUT 基金强大且具有持续的融资能力，支撑其在现货市场“追价采购”。SPUT 具有如下特点：一是采取完全公开透明的运作

方式，每个交易日均公布新发股和采购等详细数据；二是收取较低的管理费，SPUT 目前的基金管理费仅 0.35%，远低于 UPC 基金 1%的管理费；三是采取高效、低门槛发行融资机制，UPC 基金要求每股净资产值溢价 10%～15%才能新发股融资，而 SPUT 将这一门槛降低至 2%～4%，其采取的发行机制大幅简化了发行流程，可实现按需求快速发行。SPUT 股价和铀价高度正相关，单日融资额和采购量高度正相关（图 11 和图 12）。SPUT 计划 2022 年在纽交所上市，将进一步拓宽融资渠道，提高融资能力。

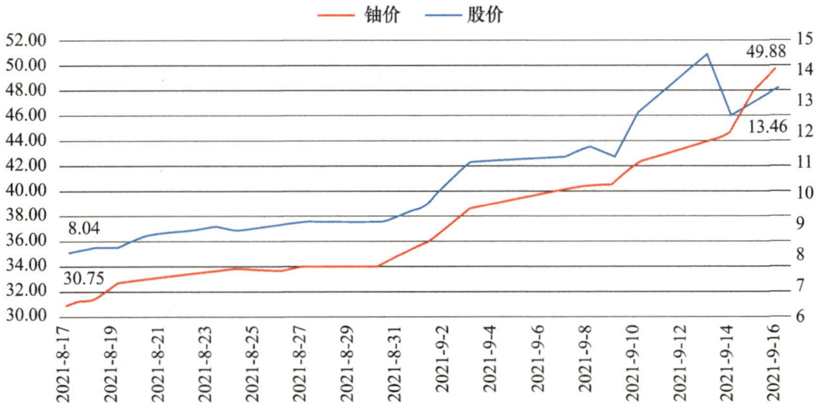

图 11 SPUT 股价和铀价的关联

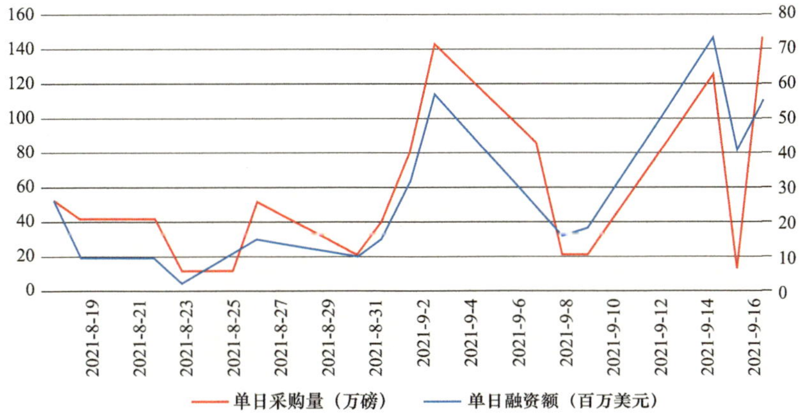

来源：万得数据库

图 12 SPUT 单日融资额和采购量关联

（二）碳中和背景下铀资源供需失衡是铀价上涨根本原因

1. 持续的铀供应短缺推动了铀价上涨

2020 年的铀供应缺口约为 10 000 tU，随着澳洲的兰杰铀矿在 1 月退役（2020 年生产约 1 350 tU）和尼日尔的科未纳克铀矿在 4 月退役（2020 年生产约 1 500 tU）。二次供应也开始下降，分离功定价处于近 4 年的高点，天然铀库存水平受到侵蚀，新的天然铀供应急需铀价的刺激才能形成。此外，考虑到矿床重启和新开发铀矿所需的准备时间，天然铀供应短缺的局面还将持续。

2. 全球“碳中和”进程驱动核电发展与铀资源需求提升

UxC 预测铀资源的供给与需求差距将拉大（图 13）。同时，越来越多的经合组织国家认识到，核能在提供低成本、零排放、基荷电力方面发挥着关键作用，这意味着天然铀的需求曲线仍存在上行空间。随着新冠肺炎疫情的影响逐渐消退，政策确定性的增加提振了核能的发展前景，天然铀长期贸易的市场活动预计将显著增加。

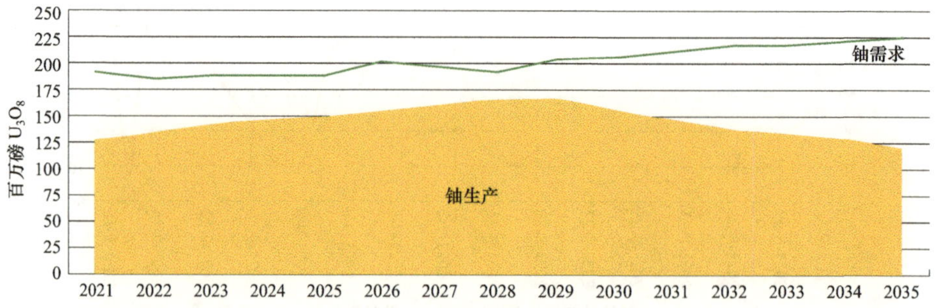

来源：UxC 天然铀市场报告

图 13　UxC 的铀供给与需求预测

3. 美元量化宽松政策为资本力量推动铀价上涨创造了有利条件

2020 年 3 月，美联储推出美元无限期量化宽松（第五次美元量化宽松），施行零利率或接近零利率政策，通过购买国债等中长期债券，向市场注入大量流动性货币。同时，新冠肺炎疫情以来美国政府先后实施多轮财政刺激，总额接近 5 万亿美元。2020 年下半年以来，钢铁、铜、铝等金属矿产大宗商品价格均出现大幅上涨。据国内相关专家分析，大宗商品价格上涨多数与市场供需无关，资本力量推动是关键因素。

（三）短期内天然铀价格冲高后可能会停留在较高台阶上

天然铀的潜在供需基本面在过去几个月并没有明显改变，不足以支撑价格飙升。但欧美各类资本投资天然铀实物的趋势正在加强，据估计，上半年澳、加、美、英四国总计至少有 10 亿美元流入了天然铀资本市场。其持续在资本市场融资并频繁买货，将在天然铀现货市场形成“二次需求”，进而对短期铀价产生较大影响。

1. SPUT 很可能会持续“追价采购”，铀价冲高后可能会停留在较高台阶上

SPUT 很可能会持续“追价采购”。新的 10 亿美元发行计划已于 9 月 14 日启动，9 月 15 日单日融资额达到创纪录的 7 300 万美元，股价从挂牌时的 8.38 美元涨到 12.95 美元（涨幅超过 50%）。从投资者的信心看，SPUT 基金目前仍具备持续融资和追价采购的能力，存在现货价格上涨至 55～60 美元区间的可能性。

市场供需面不会因为 SPUT 大肆采购发生本质改变。据估计，2021 年以来，两家投资基金、初级开发商以及对冲基金等已累计采购约 8 700 tU，但市场供应仍然相对充足。按照世界核能协会最新数据，目前核电业主持有约 3 年需求量的库存，且有 1.5 万～2 万 tU 的闲置矿山产能，因此铀价持续上涨缺乏长期支撑。

铀价冲高后回落可能会停留在较高台阶上。铀价上涨到一定水平后，新资金介入的风险上升，SPUT 基金的融资能力可能会随之下降，因此可能会采取少量稳步采购方式，拖住铀价并稳定在比上涨前更高的水平。

2. 黄饼公司很可能会不断增大储备规模

该投资基金目前各项运营指标较优，持续增发融资并行使与哈原工的采购协议。2021 年 2 月完成融资 1.4 亿美元，明确将从哈原工采购约 1 300 tU。近期宣布将再次增发 2 500 万股，预计融资约 8 800 万美元，将继续在现货市场采购。

3. 新的对冲基金可能介入天然铀实物投资

据估计，对冲基金目前持有约 4 000 tU 天然铀实物，近期华尔街对冲基金安克雷奇资本集团宣布将大量买入持有天然铀实物，可能会进一步刺激天然铀价格上涨。

三、中美联合发布气候治理宣言，多组织呼吁发展核能

2021 年，《联合国气候变化框架公约》第二十六次缔约方大会完成《巴黎协定》实施细则谈判，达成“格拉斯哥气候协议”，与

会各方就应对未来气候危机达成协议。期间，中美联合发布《中美关于21世纪20年代强化气候行动的格拉斯哥联合宣言》(简称《联合宣言》)。此外，国际原子能机构、世界核能协会等国际组织强调核能电力及非电力应用在碳循环经济中发挥的作用。现将相关情况整理如下。

(一)《联合宣言》基本内容

中美双方承诺21世纪20年代采取提高力度的强化气候行动，计划开展以下行动与合作：减少温室气体排放相关法规框架与环境标准；清洁能源转型的社会效益最大化；终端用户行业脱碳和电气化的鼓励性政策；循环经济相关关键领域，如绿色设计和可再生资源利用；部署和应用技术，如碳捕集、利用、封存和直接空气捕集。

加大行动控制和减少甲烷排放。合作加强甲烷排放的测量；交流加强甲烷管控政策和计划信息；促进有关甲烷减排挑战和解决方案的联合研究；在国家和次国家层面制定强化甲烷排放控制额外措施；制订全面、有力度的甲烷行动计划。

减少二氧化碳方面合作：有效整合高占比、低成本、间歇性可再生能源的政策；鼓励有效平衡地域电力供需的输电政策；鼓励整合太阳能、储能和其他更接近电力使用端的清洁能源解决方案的分布式发电政策；减少电力浪费的能效政策和标准；我国将在“十五五”时期逐步减少煤炭消费，并尽最大努力加快此项工作。

双方计划建立“21世纪20年代强化气候行动工作组”，该工作组将定期举行会议以应对气候危机并推动多边进程，聚焦在此十年强化具体行动。

（二）全球绿色低碳转型需要“核”力量

2021 年，多国核工业机构联合发布《核能对实现联合国可持续发展目标的贡献》强调核能为实现联合国 17 个可持续发展目标作出的贡献。联合国欧洲经济委员会的新版《核技术简报》、经合组织核能机构向二十国集团提交的《碳循环经济中的核能》报告、国际原子能机构最新版《国际核电状况与前景》报告、世界核协会最新《世界核电厂运行报告》及法国电网公司《未来能源 2050》研究都呼吁发展核能。

1. 核能在减少二氧化碳排放方面发挥关键性作用

《核技术简报》指出核能是低碳电力和热力的重要来源，有助于实现“碳中和”，缓解气候变化。如果将核能排除在外，2015 年《巴黎协定》中设定的气候目标将无法实现。在过去的 50 年间，核电使全球碳排放量减少了 740 亿吨，相当于减少了近两年的全球与能源相关的碳排放量。目前，核电占欧洲经委会成员国总发电量的 20%，占低碳发电量的 43%。核能为经委会许多国家提供低碳电力。许多成员国已明确表示，核能将在未来减少本国碳排放方面发挥重要作用。核电是所有发电技术中对环境影响最小的一种，其对环境的影响远低于化石燃料。

经合组织核能机构强调核能低碳作用。《碳循环经济中的核能》强调核能是有竞争力的可靠且可持续的能源，在许多国家发挥了重要作用。在取代煤炭和天然气发电方面，核电的碳减排量最高，约是水电的 2 倍，太阳能发电的 3 倍。在脱碳方面，核电在未来几十年内将发挥越来越大的作用。

《核能对实现联合国可持续发展目标的贡献》认为核能可以可靠地提供负担得起的电力，且不会排放温室气体和空气污染物。对于确保人人获得负担得起的可靠和可持续的现代能源目标，核能可以在三方面作出贡献：一是在全球人口不断增长、“需求侧”电气化不断推进以及仍有数十亿人无法获得经济可靠电力供应等因素的推动下，电力需求正在增加；二是以燃烧化石燃料的方式来满足日益增长的电力需求是不可持续的，实现向核能等清洁技术的转型至关重要；三是如果要帮助人们摆脱贫困并满足其能源需求，就需要对低成本、低碳的核能进行大量投资。

2. 核能将降低绿色低碳转型成本

《未来能源 2050》分析研究了法国 2050 年实现“碳中和”的 6 种主要方案，其中，最佳解决方案及成本最低是在 2050 年之前新建 14 座 EPR2 反应堆并适当新建相当容量的小型核反应堆，同时加大对可再生能源的投资。根据分析结果，即使新建核电站的平均发电成本高于可再生能源，从长远来看，至少 40 GW 核电站的方案比 100%可再生能源方案更能降低成本。随着核电装机容量增加，总成本有所降低，而且用于运输、配送可再生能源的弹性成本会降低（图 14）。

3. 核能多用途利用在碳循环经济中发挥重要作用

《碳循环经济中的核能》指出核能多用途利用能推动相关行业脱碳，具有一定的经济性，如核电站与氢电解槽耦合能够以高容量因子运行，从而提升低碳氢的成本竞争力。但是，各国在制订核相关政策时经常会忽视核能多用途利用，制定脱碳政策时必须将核能

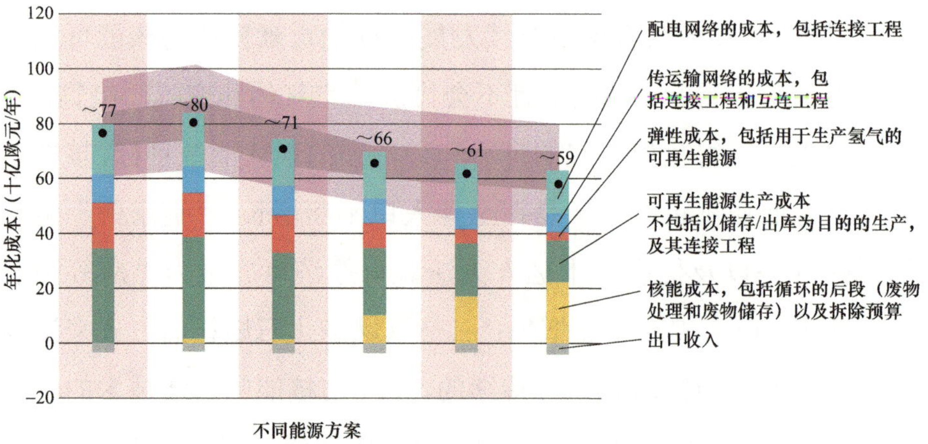

图 14 “碳中和”目标下不同转型方案年化成本

的高温非电力应用（如核能制氢）和低温非电力应用（如为石油冶炼和钢铁制造等工业供热）纳入考虑范畴。建议支持核热电联产示范工程，优先发展核能制氢，将核能在电力以外的应用纳入脱碳途径。

《核能对实现联合国可持续发展目标的贡献》强调核技术在害虫防治、植物育种、食品安全、医疗健康等方面的应用，在普及清洁用水和卫生设施方面可发挥核心作用；核反应堆海水淡化；高温堆替代化石燃料，提供工艺热、制氢；创新设计使核反应堆能够在更广泛的地区建设和运行，并帮助电力以外的其他行业脱碳；核反应堆还可用于区域供暖，减少化石燃料的使用及其造成的污染。

4. 发展核能是降低化石能源依赖、与可再生能源协同的客观需求

《国际核电状况与前景》认为核电在供应安全、可靠性和可预测方面具有明显优势。2021 年 2 月的北美大停电表明了拥有弹性能源系统的重要性。由于全球变暖，发生极端天气事件的频率会增加，强度也会越来越大。核电站的设计可以在极端天气条件下安全

有效地运行，造成的发电损失相对有限。《世界核电站运行报告》指出，核电能够提升电网运行的稳定性，进而推进太阳能和风能等间歇性可再生能源的部署。法国《未来能源 2050》也表明核能与可再生能源协同的能源体系能够最有效实现“碳中和”，50%核能与 50%可再生能源组合的方案的弹性成本相对较低。

5. 融资影响核能未来地位

所有报告都提出，融资是影响核能未来发展最大的因素。作为高度资本密集型项目，新建核电所需资金量大，受利率变化、建设工期以及其他一些不确定因素影响。

法国《未来能源 2050》强调，控制电力系统的全部成本，基本上直接取决于投资融资的条件。新建核反应堆是具有资本密集度高、建造时间长和使用寿命长的资产。近年来的经验表明，如果没有强有力的公共支持，无论是以差价合同还是直接公共投资的形式，反应堆都无法发展。只要核能受益于与其他低碳技术一致的融资条件，其经济性就能得到保证。因此，核能竞争力在很大程度上取决于其融资成本。不利的融资条件，例如缺乏公共支持或难以获得欧洲资金将增加核能生产的总体成本，从而对电力系统的总成本产生影响。如果新核能的融资成本高于可再生能源的 3%，则新反应堆方案的成本将等同于“100%可再生能源”方案。

《碳循环经济中的核能》呼吁出台具体扶持政策，帮助新建核电项目实现低成本融资，将核能纳入可持续融资倡议。

6. 小堆受到关注

小堆前期投入相比大堆低，预计在未来十年的成功示范将吸引更多国家。小型模块化反应堆目前大多数正在开发设计中，可以利用体积小的优势，用于偏远地区供电。微堆由于其灵活性，未来可能会有更广泛的应用。私人投资对小堆技术的开发、示范和部署越来越感兴趣。

小型模块堆的技术竞争力体现在高度模块化，降低建设成本和缩短建设工期，以实现批量生产的经济性。小堆技术仍需要满足几个条件以达到商业竞争力：一是首堆的安全运行；二是有竞争力的成本；三是可行的融资方案；四是完善的许可证审评路径。微型反应堆功率范围在 0.1 万～2 万千瓦之间，可为工业偏远地区或离网地区供电，提供电力弹性，作为柴油的替代品，部署在小型模块堆都不适合的市场。

7. 科技创新是促进核能发展的重要因素

核电的技术创新使其应用范围不断扩大，同时也使核能可以与其他的低碳能源进行整合，如间歇性可再生能源和采用碳捕集体和封存技术的化石燃料。技术创新主要体现在冷却剂材料、核燃料循环系统等方面。

冷却剂材料方面，以水为冷却剂的反应堆技术已经非常成熟，目前在全球市场上占据主导地位。许多国家正在积极研发使用液体金属、气体等其他冷却剂的先进反应堆，主要为六种第四代堆。

核燃料循环方面，一是推进快堆研发与闭式燃料循环，快堆最高可将天然铀的利用率提高近 60 倍，快堆的商业化和广泛的应用将会对铀开采需求和放射性废物管理产生深远的影响。二是开发先进核燃料，提高现有反应堆的安全性和经济性。三是从乏燃料中提取有价值的放射性同位素。

此外，“碳中和”路径研究过程中强调，核电站延寿是成本最低的发电方式之一，推进现有核电站延寿运行，进而实现能源低碳转型。但是核电站寿命有限，核电站退役是未来能源研究必须考虑的因素之一。能源转型可能会导致铜、锂、钴、镍、锰等资源供应紧张，但是天然铀储备足以确保法国核电站几十年的供应。

四、美国爱克斯龙公司转型分析

在全球“碳中和”目标推动下，世界新能源发展提速，美国不断提出新能源政策，众多新能源电力企业涌现，对传统电力公司造成较大竞争压力。爱克斯龙公司是美国最大的电力公司之一，核电发电量占比较高，近年在增强核电竞争力的基础上主动投入风电、光伏等新能源开发，积极进行产业调整转型，目标是领导美国能源行业低碳发展变革。

（一）公司发展情况分析

1. 公司产业概况

美国清洁低碳电力领域的领导者。爱克斯龙公司是美国最大的电力公司之一，2000 年由费城的佩科能源公司和芝加哥的联邦爱迪生公司合并而成，其后又收购了马里兰州的裴普科电力公司，为全美 48 个州及加拿大约 1 000 万客户提供电力和天然气。其总装机容量约为 32 700 兆瓦，核电占比近 60%。其单位发电量碳排放量仅为 48.5 克/千瓦时（107 磅/兆瓦时），远低于美国其他电力公司，如图 15 所示。其旗下的爱克斯龙核电公司是美国最大的核能电力公司，在伊利诺伊州、马里兰州、纽约州和宾夕法尼亚州拥有 12 座核电站共 21 台机组，装机容量约 1 870 万千瓦，占美国核电装机总容量的 20%，核反应堆运行率高达 95.7%。

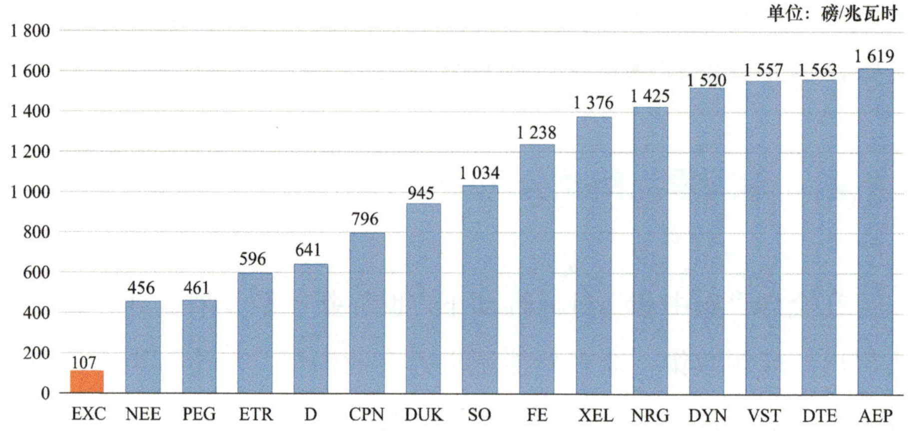

图 15　美国能源电力公司单位发电量碳排放量一览

核电作为不间断的基荷电力对美国电网的稳定性至关重要，且其清洁低碳、成本低廉等特点是未来能源可持续发展的关键。但可再生能源领域的巨大增长潜力也不容忽视。据美国能源信息署数据，未来 30 年，天然气和可再生能源在发电方面的使用量将不断增加，而所有其他能源的使用量都将下降，预计在此期间增长最大的两种可再生能源是风能和太阳能，如图 16、图 17 所示。

2. 公司的新能源产业布局

集水、核、风、光等能源一体的综合清洁能源公司。作为美国领先的低碳能源供应商，爱克斯龙公司拥有天然气、水电、风能和太阳能的平衡产业布局，保障其可靠、高效及创新的能源生产。公司旗下的羚羊谷太阳能牧场 1 号是世界上最大的太阳能发电厂之一，该发电厂由美国能源部提供 6.46 亿美元的贷款担保进行建设，

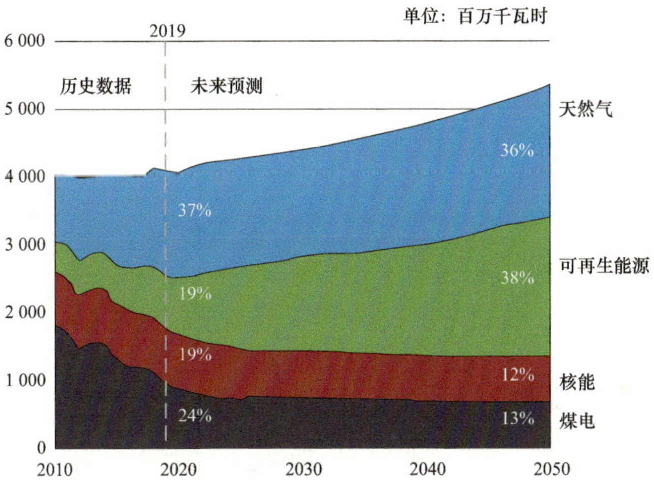

来源：美国能源信息署

图 16 美国能源信息署对未来能源使用量的预测

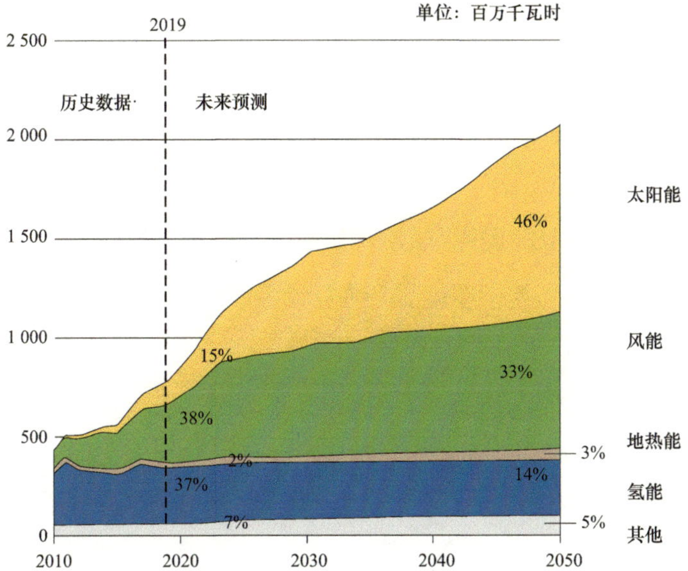

来源：美国能源信息署

图 17 美国能源信息署对可再生能源占比发展预测

于 2014 年开始运营，拥有 380 万块太阳能电池板，产生 24.2 万千瓦的电力，足以为约 7.5 万户家庭供电。爱克斯龙公司在风力发电领域更为活跃，目前运营风力发电厂达 40 多个，发电能力超过 1 500

万千瓦（图 18）。爱克斯龙公司在清洁能源领域的大力投资取得了出色成效，其碳排放标准已远低于《巴黎协定》中规定的义务（图 19）。

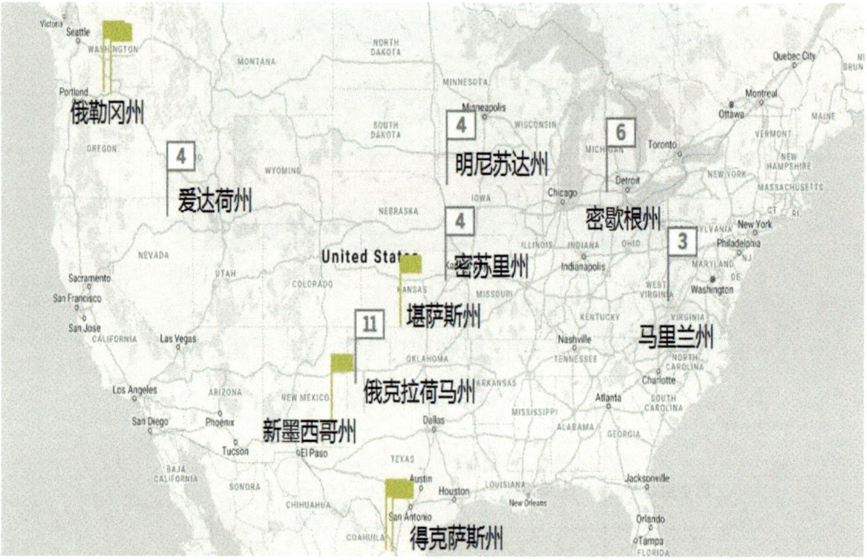

来源：爱克斯龙公司

图 18　爱克斯龙公司旗下风力发电厂分布图

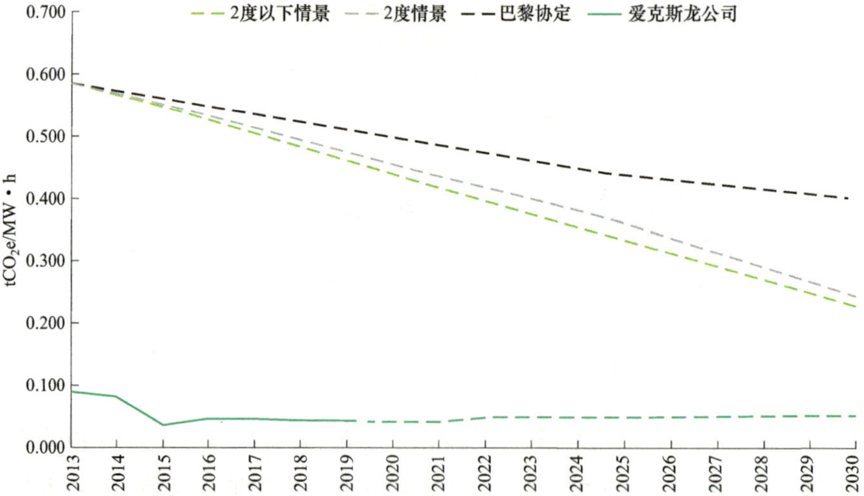

来源：爱克斯龙公司

图 19　爱克斯龙公司碳排放与巴黎协定减排路径倡议数值对比

3. 公司的业务模式及发展战略

在适应能源行业的发展变革过程中，爱克斯龙公司依靠其具有竞争力的多元化业务模式及不断创新的发展战略在能源板块始终保持领先的优势。

首先，多元化综合业务模式为其在经历巨大变化的能源行业中取得成功提供了坚实的基础。该模式为其适应不断变化的消费行为和快速发展的技术提供平台，推动其电网完整性的改善和持续的行业整合，使业务多样化增长，利用新兴趋势推动战略重点领域创造更大的价值。随着能源行业的快速变化，爱克斯龙公司坚持能源多元化发展模式，未来会继续对新能源领域的核心市场和具有潜力的技术进行有针对性的投资，以重塑其能源产业布局。

其次，技术和工艺上的创新形成多层次的技术评估平台，汇集公司内部专家研究新兴技术并快速投入应用。TechEXChange 是其核心平台，由 60 多名专家组成的团队与政府、行业协会、国家实验室、顶尖大学、技术公司、风险资本以及私募股权公司等建立合作关系，发掘有可能推动未来能源系统创新的技术。其主要发展领域包括电池存储、燃料电池、新能源汽车、氢能利用等。所有这些领域都可能产生下一代颠覆性的新能源技术。此外，其 CTV 风投公司也广泛投资于新能源技术，包括替代发电、能源储存、电动汽车和智能建筑等。

（二）公司的产业转型举措

1. 制定 2050 年净零碳排放目标

2021 年，爱克斯龙公司宣布了 2050 年实现净零排放的计划。

使其旗下 6 家公共事业公司能够在 2030 年将排放量减少 50%，并在 2050 年实现净零排放。该计划包括扩大电动汽车、可再生能源和消费者能源效率等措施，并计划增加对电网现代化和智能电网技术的投资。

一是数字化改造。爱克斯龙公司安装了 880 万个智能电表和 130 万个智能燃气表，帮助公司公用事业公司避免了 41 万辆服务车前往消费者家庭，从而减少了排放，节省了工时。

二是采用清洁能源汽车。2025 年将有 30%的车队改用电力，2030 年将有 50%的车队改用电力，以此减少温室气体的排放。

三是推动基础设施现代化。爱克斯龙公司的 6 个子公司将在 2021 年至 2024 年间投资 267 亿美元用于天然气和电力基础设施的现代化，预计这些措施将有助于减少天然气基础设施内的甲烷泄漏和发电产生的碳排放。

四是提高能源效率。通过提升能源效率项目，爱克斯龙公司节约了 223 亿千瓦时的电量，相当于 93.2 万户家庭一年的平均能耗，同时也避免了建设新发电厂产生的高额成本。

五是部署可再生能源项目和研发创新绿色技术。爱克斯龙公司旗下的大西洋城电力公司将与新泽西州合作，帮助该州实现到 2025 年可再生能源占总能源 35%和 2030 年占 50%的清洁低碳目标。

2. 加速清洁能源业务板块发展

（1）单独组建新清洁能源上市公司

爱克斯龙公司近期计划将清洁能源业务与传统输配电业务分离，独立组建新的上市公司，发展成为全美最大的清洁低碳发电公司及可持续能源解决方案的领先平台，预计在 2022 年第一季度实现重组。

清洁能源子公司将成为向全美用户提供清洁能源和可持续解决方案的最大供应商，将拥有超过 3 100 万千瓦的发电能力，包括核电、风电、太阳能、天然气和水电资产。该公司将生产全美约12%的无碳能源，使其成为正在制定减碳目标并寻求气候危机长期解决方案的企业以及政府不可或缺的合作伙伴。

其中核电仍将成为重点发展产业之一，2020 年爱克斯龙核电公司生产了 1 500 亿千瓦时的电力，足以为 1 360 万个家庭供电，并避免了 1.06 亿吨的碳排放。同时水电、风能、太阳能、天然气和石油发电约 1 200 万千瓦，为公司提供了基荷、中间和峰值发电的完整组合，使其在推进美国清洁能源战略和优先事项方面具有独特优势。

（2）加强与研究机构合作，推动可再生能源及储能技术应用

爱克斯龙公司与西北大学可持续发展与能源研究所建立了为期五年的战略合作伙伴关系，专注于清洁能源创新，项目包括数字化管理、能源存储和可再生技术等。此次合作将爱克斯龙公司的行业和市场专业知识与西北大学的研究能力结合在一起，研究成果可能会对美国生产、传输和消耗能源的方式产生直接而实际的影响。

（3）推动实现数字化转型

爱克斯龙公司与通用电气公司合作，部署了基于 Predix 平台的可再生能源和电力解决方案，成为美国电力企业数字化转型的代表。Predix 是一个基于云铸造开源技术的 PaaS 云软件平台，其核心是数据分析和数据挖掘，将分析结果转化为策略和方案，带来实际的经济效益。该数字化平台将全面应用于核电、混合电力、风电、太阳能和天然气电厂，能够有效降低系统管理和基础设施维护等成

本，提高运营效率。通用电气公司预计，这一合作将帮助爱克斯龙公司节省高达25%的维护和运营成本，同时还可以收集大量的数据以大幅提高公司的生产能力。两家公司还将在 Predix 云服务平台上共同开发更多应用程序，如利用爱克斯龙公司的全年风电数据，在 Predix 云中运行分析其季节特性，能够在18秒内返回结果，建立风电功率预测模型，极大地提高了运营效率。

3. 持续提升核能竞争力

（1）强化核电站退役和延寿工作

爱克斯龙公司已经向美国核管理委员会提交了多家核电站的延寿许可申请，其中布拉德伍德、拜伦、拉萨尔县、利默里克等核电站已成功更新许可证，保障其在未来几十年继续提供零碳、安全和可靠的核能电力。

对于已经确定关闭的核电站，包括于2019年9月永久关闭的三哩岛核电站和拜伦核电站、德累斯顿核电站，爱克斯龙公司致力于启动各项安全退役进程，包括其部件、系统和建筑物的拆除及环境恢复等工作。

（2）积极发展小型模块反应堆

爱克斯龙公司认可小型模块化反应堆等先进核技术的巨大前景，正在与多家公司合作研发创新技术，推动国际核能发展。2020年爱克斯龙公司正式提交在波兰部署 BWRX-300 小型堆的可行性研究报告。此项研究旨在帮助波兰 Synthos 绿色能源公司评估所需建设小型堆数量，从而充分利用小型堆批量生产的成本效应。该研究涵盖了小型堆技术实施过程中的关键领域分析，包括成本、人员政策、监管及安保、建设模式和运营等方面，为形成小型堆项目开发路线图奠定了基础。此外，爱克斯龙公司于 2020 年 11 月与英国罗尔斯-罗伊斯公司签署了小型模块堆开发谅解备忘录，以寻求爱克斯龙公司在英国和国际上运营小型堆核电站的潜力。爱克斯龙公司将利用其运营经验协助英国开发和部署小型模块堆，其标准化、工厂化的先进制造工艺将大幅降低成本，首座电站计划于 2029 年投运，每座电站将提供 44 万千瓦电力，帮助英国履行其净零排放义务。

（3）大力发展核技术应用

爱克斯龙公司于 2021 年 8 月获得美国能源部拨款，支持九里点核电站的核技术应用项目。公司将与阿贡、国家可再生能源实验室等多个国家实验室合作研究核能制氢以及安全捕捉与储能的方法，以期将技术尽快转换为工业生产能力。九里点核电站将以现有的配套设施为基础，建造新的质子交换膜电解槽，以用于新的核技术应用研究项目，预计 2022 年开始运行。

五、国际乏燃料管理的经验与启示

乏燃料是核能持续发展的必要产物，基于其涉及环节多、放射性高、周期长、系统性强等特点，确保其安全管理一直是全球重点关注的议题。国际原子能机构通过缔结联合公约、发布安全标准等多种形式，与国际各国分享乏燃料安全管理有关经验做法。美国、法国、俄罗斯等核大国在乏燃料管理政策法规方面已经比较健全。

（一）乏燃料管理的国际公约与标准

乏燃料管理是关乎核能能否和平利用和实现可持续发展的重

要因素之一，因此也是国际原子能机构工作的重要内容。为推动全球乏燃料安全管理，国际原子能机构利用平台优势，基于各国管理经验总结，推动建立全球安全机制，包括建立国际公约、发布安全标准、出版报告图书等方式，为全球乏燃料安全管理提供方案。其中国际公约具有法律约束力。

1. 国际公约

国际原子能机构建立的关于乏燃料安全管理的国际公约主要包括《乏燃料管理安全和放射性废物管理安全联合公约》《核事故或辐射紧急情况援助公约》《核安全公约》《关于核损害民事责任的维也纳公约》《核损害补充赔偿公约》，其中《乏燃料管理安全和放射性废物管理安全联合公约》是乏燃料管理的基本国际公约。

《乏燃料管理安全和放射性废物管理安全联合公约》于 1997 年 9 月 1—5 日在国际原子能机构总部举行的外交会议通过，在 1997 年 9 月 29 日开放供签署。截至 2020 年 3 月，共有 83 个缔约方。该公约沿袭了《核安全公约》关于国家报告书制度的规定，将提交报告视为各缔约方履行公约义务的主要方式。根据该公约，每一缔约方应每隔三年向缔约方审议会议提交一份国家报告，叙述其乏燃料管理政策、管理实践、乏燃料管理设施、设施所在地、主要用途和基本特点、目前贮存的和已处置的乏燃料的存量清单等内容。截至 2020 年，已是《乏燃料管理安全和放射性废物管理安全联合公约》第七次审议会议。

《乏燃料管理安全和放射性废物管理安全联合公约》是乏燃料安全管理的基本国际公约，各缔约国按照本公约采取适当步骤，以确保在乏燃料管理的所有阶段充分保护个人、社会和环境免受放射危害。该公约在乏燃料设施的选址、设计、建造、安全评价、运行以及乏燃料的处置等方面对每一缔约方提出了要求。同时，该公约在立法和监管框架、监管机构、许可证持有者的责任、人力与财力、质量保证、运行辐射防护、应急准备、退役、超越国界运输等方面提出了具体要求。该公约确立的国际乏燃料管理安全的基本原则与制度，主要原则如下：① 可持续发展原则；② 国际合作原则；③ 全过程管理原则；④ 许可证制度；⑤ 事先知情同意程序；⑥ 国家报告书制度。

2. 安全标准

IAEA 发布的标准统称为安全标准，分为三类，即《基本安全原则》（SF）、《安全要求》（SR）与《安全导则》（SG）。《基本安全原则》是为国际原子能机构安全标准及其安全相关计划奠定基础的基本安全目标、安全原则和安全概念；《安全要求》制定为确保安全所必须满足的要求；《安全导则》为满足安全要求而建议的行动、条件或程序。国际原子能机构安全标准由国际原子能机构和共同倡议组织适用于其各自的业务，并被推荐给各国和国家当局以及其他国际组织在其各自的活动中采用。其中，为便于统计，《安全要求》与《安全导则》均被划分为通用安全（GSR 或 GSG）与专用安全（SSR 或 SSG）两大类。例如，与乏燃料相关的通用安全标准包括《No.GSR-Part5 放射性废物的处置前管理》《No.GSG-1 放射性废物分类》等，与乏燃料相关的专用安全标准包括《No.SSR-4 核燃料循环设施安全》《No.SSG-15 乏燃料贮存》《No.SSG-42 核燃料后处理设施安全》等。

（二）国际乏燃料产业管理经验

核大国均重视本国乏燃料后处理技术的研发及体系建设。国际核大国非常重视乏燃料后处理等核燃料后段产业与技术发展。尽管美国已采取“一次通过”的乏燃料处理政策，但是仍然坚持加大核燃料循环科研投入，研发先进的乏燃料后处理技术，同时美国一直维持着军用及研究堆乏燃料后处理能力，具备后处理产业商业化的实力。法国与俄罗斯自确定“闭式循环”策略以来，一直坚持乏燃料后处理，尽管面临着经济性等诸多现实因素，国家仍然主导核燃料循环后段产业发展，保证后处理技术国际领先。此外，日本在经历福岛核事故的沉重打击以及商用后处理大厂的拖期超概，仍然坚持建设自身的乏燃料后处理能力。

乏燃料后处理能力建设要在成熟性与先进性之间做好平衡。后处理厂建设不单纯是技术问题，是政策、技术、营运一体的。总体看，世界核燃料循环后段产业及技术发展趋势，为我国核燃料循环后段的先进体系建立和前瞻性布局，提供了积极的参考意义和基础。英国的 THORP 厂虽然 1978 年就批准建造，但是直到 1997 年才开始运营，运营中又面临严重的经济困难，并且由于泄漏等原因停运数次，运行 20 多年后就面临老化与退役。日本六个所村后处理厂在热运行后，迟迟未能投入正常运营，建设成本超计划数倍。而法国阿格后处理厂，不断升级完善，比较成功。俄罗斯的 RT-1 厂由三个首端匹配同一个主工艺处理设施，实现了一备一用和处理不同类型的乏燃料，具有运行的柔性特点。因此大型后处理厂的建造，要考虑成熟技术与先进技术的平衡，考虑灵活性，为技术发展留有升级的余地。

离堆贮存能力建设是乏燃料管理的重要缓冲。国际上所有发展核电的国家均面临乏燃料最终安全管理的需要。从现实情况看，目前只有法国具备乏燃料处理能力大于乏燃料产生速度，无需不断扩大贮存体系，其他即便采取后处理政策的国家，也普遍面临乏燃料存量的不断增长的问题，需要加强离堆贮存能力建设。而采取“一次通过”的国家，由于深地质处置技术和建成时间存在不确定性，也面临日益增长的乏燃料管理困境。当前，采取干湿结合的乏燃料贮存技术路线扩大中间贮存能力，正在成为越来越多的核电国家管理乏燃料的现实选择。

建立健全乏燃料管理资金保障制度。乏燃料安全管理需要充足长期的资金保障。美国对乏燃料管理采取的是“核废物基金”制，通过发布一系列拨款法对基金使用做出规定，保障乏燃料中间贮存与最终处置等环节所需的资金充足。法国《关于放射性材料和废物可持续管理规划》建立了一个体系确保管理费用的经费筹措形式，保障乏燃料处理所需资金充足。由于乏燃料管理周期长，需要结合技术进步及物价水平，定期开展资金保障能力的评估，确保满足乏燃料管理需求。

（三）乏燃料管理政策法规方面的启示

1. 管理政策方面

一是明确乏燃料管理的国家主导责任，完善组织管理体系。乏燃料从产生、贮存、后处理到处置及处置后的长期监护，涉及环节多、管理周期长、系统性要求高，需要国家统筹规划实施。国际原子能机构发布的《乏燃料管理安全和放射性废物管理安全联合公约》，明确规定了各缔约国的乏燃料安全管理的国家责任，有义务建立完善的乏燃料管理政策法规以及监管体系，以确保代际公平。美国、法国、俄罗斯均由政府部门统一负责国内乏燃料的管理工作，承担产生乏燃料处理的国家责任，制定和组织实施乏燃料管理有关政策与规划，确保乏燃料安全管理及产业持续发展。

二是国家制定乏燃料管理的中长期规划，确定技术路线。国际主要核电国家均制定乏燃料管理的国家顶层规划，明确乏燃料管理技术路线与目标，确保乏燃料在中长期安全管理。美国能源部依据蓝丝带委员会报告建议颁布了《乏燃料与高放废物管理处置战略》，明确了乏燃料未来管理处置技术方案及措施，推动建造集中式中间贮存设施（CISF）；法国以法律的形式发布《关于放射性材料和废物可持续管理规划》，进一步明确分离嬗变、可逆性深层地质处置、贮存等技术路线及方案；俄罗斯发布《2011—2020 及至 2030 年前基础设施建设与乏燃料后处理计划》。上述国家政策或战略，对于一个时期国家产业能力发展、技术研发、政策制定具有十分重要的意义。

三是稳定的国家政策保障核燃料循环后段产业持续发展。美国乏燃料管理政策并不连续，随着政府换届，政策往往随之调整，导致美国乏燃料管理策略处于来回摇摆的状态，产生了投资重复、浪费、低效等问题，还发生了由于能源部一直未妥善安置乏燃料，被美国核电运营商联名起诉的事件。相比之下，法国与俄罗斯自确定“闭式循环”政策以来，并未受到政府换届影响，一直是一以贯之地确保核电产生乏燃料通过后处理与再循环，实现铀资源回收利用，保障闭式核燃料政策落地，推动本国乏燃料运输、贮存、后处理等后段科研与产业持续发展。

四是采用国家统筹协调与市场化运作相结合的乏燃料管理运营模式。国家统筹协调国内乏燃料活动是各核电国家的通用做法。以坚持后处理的法国为例，尽管根据目前的核燃料市场环境，使用天然铀原料的核燃料价格更具有竞争优势，法国政府仍然长期主导欧安诺集团与法国电力集团签署乏燃料后处理与再循环协议，确保产生的乏燃料得到后处理以及回收制成的MOX燃料循环利用，推动核燃料“闭式循环”政策落地。在乏燃料活动执行方面，美、法、俄国家的乏燃料管理执行机构均通过发包或单独签订商业合同等方式，将乏燃料管理相关设施的整体运营活动或某项专业活动交由市场专业化公司实施，市场化机制提升了效率，也促进了技术进步。美国乏燃料贮存市场由Holtec、Orano TNI、NAC等国际化的专业公司占有。欧安诺集团作为法国乏燃料后处理的专业化公司，采用市场化的运作方式，为法国电力集团及海外用户提供后处理服务。

2. 法律法规方面

一是建立完善的法律法规体系。完整且清晰的法律法规体系是保障乏燃料管理的前提条件。美、俄等均制定了乏燃料管理的顶层法律，包括《原子能法》《环境保护法》等，以及制定了专门的乏燃料或放射性废物基本法规，明确了乏燃料管理的政策、组织体系、监管责任等，并针对乏燃料运输、贮存、废物处置等制定了相关的法令，确保各环节有法可依，同时制定了一系列安全导则，规定了乏燃料管理的安全要求。法国虽然没有《原子能法》，但通过法典化编纂使各法律之间能够形成统一的整体，以便实施，例如《关于放射性材料和废物可持续管理规划》《关于核领域透明度和安全》以及欧洲原子能共同体第2011/70/EURATOM号指令内容全部都纳入了《环境法规》。

二是坚持顶层设计与法治实践相结合。美、法、俄普遍高度重视乏燃料安全管理的顶层设计与立法相结合，从国家利益与核能发展实际出发，综合政治外交、乏燃料处理处置技术水平、防核扩散等因素，分别制定了相应的法律法规，包括技术政策、管理战略或白皮书等。美国通过颁布及修订法律，明确乏燃料管理的基本政策，1954 年《原子能法》提出了乏燃料后处理；1982 年《核废物政策法》将乏燃料视同为高放废物，并要全部进行深地质处置；1987 年的《核废物政策修正法》明确了选择尤卡山作为深地质处置继续调研的目标等。法国通过法律规定乏燃料管理政策的整体框架，以法律的形式颁布国家规划即《国家放射性材料和废物管理计划》，以总理颁布内阁法令的形式体部署实施国家计划，这些属于乏燃料管理顶层设计，国家意志明显。

三是乏燃料管理及有关立法的公众参与和透明度高。国际主要核电国家重视乏燃料管理及有关立法的公众参与。以法国为例，其在制定相关法律和政策时，充分引导公众积极参与其中。例如《关于放射性材料和废物可持续管理规划》发布前，组织了近 4 个月的公众辩论，制定该法的工作组成员来自多个组织机构，通过多次交流和讨论，不仅为统一各方的认识提供基础，使国家计划取得各方认可和接受，而且能听到各方反馈意见，使内容具体且贴合实际情况，可行性高。此外，法国出台《关于核领域透明度和安全》法案规定了公众参与原则，提高了透明度，该法赋予由国家代表、当选官员和协会成员构成的地方信息委员会法律地位，同时设立了新的高级核安全透明与信息委员会。

四是适时修订乏燃料管理法律法规。由于乏燃料管理涉及环节多、周期长、系统性强，贮存、后处理、高放废物处置以及分离嬗变等领域受技术、经济性、政策等多方因素的制约，导致产业发展面临诸多不确定性。为此国际主要核电国家每隔一段时间，便会结合当前政策、技术、市场等内外部环境需求，对乏燃料管理策略进行再研究，并根据研究结果，修订乏燃料管理的有关法律法规，做到乏燃料管理与时俱进，例如美国的《核废物政策法》。

第八章

专题报告

一、国际原子能机构发布《国际核电状况与前景》

2021 年 7 月，国际原子能机构发布了最新版《国际核电状况与前景》报告，概述了核电现状与发展前景，重点介绍了影响核电未来部署的十个因素。

（一）国际核电现状与前景

截至 2020 年底，全球 32 个核电国家在运机组 442 座，总装机容量为 39 270 万千瓦，89.5%为轻水堆，6%为重水堆，2%为石墨堆，2%为气冷堆，0.5%为三种快堆。过去十年间核电装机容量呈逐步增长趋势，新增装机容量约 2 370 万千瓦。目前全球有 27 个国家正在计划将核电纳入其能源结构。

核电对经济的拉动作用显著。根据世界货币基金组织 2021 年 3 月数据，光伏、风能、核电等清洁能源的投资对 GDP 的拉动作用是化石能源的 2～7 倍。核电对经济的多重作用超过任何其他清

审核：白云生，中核战略规划研究总院副院长。

洁能源。与风电相比，在同样电力产能情况下，核电提供的工作岗位多 25%。

核电是电力部门脱碳的关键选择。过去 50 年，核电已经为全球减排 700 亿～780 亿吨二氧化碳。2020 年，核电为全球提供了 25 532 亿千瓦时无温室气体排放的电力，占全球总发电量的 10%，全球低碳能源发电量的三分之一。核电是所有发电技术中碳密度最低的，与水力和风力发电相当。此外，反应堆低碳供热或制氢可能成为各国成功实现净零目标的关键。

对 2050 年核电规模的预测。IAEA 的高值情景，假定未来 30 年现有核电机组保持运行，新建核电达到 50 000 万千瓦，到 2050 年核电装机容量将增加到 71 500 万千瓦。低值情景，到 2050 年核电容量将减少 7%，降至 36 300 万千瓦，占全球发电量的 6%。即使是低值情景，也会有大量的新建机组。低值情景预测大约现有机组的三分之一将在 2030 年前退役，新机组将增加近 8 000 万千瓦。预计在 2030 年至 2050 年期间，核电的新增容量将几乎与退役容量相当。

（二）影响未来核电发展的十个因素

一是资金与融资。作为高度资本密集型项目，新建核电所需资金量大，受利率变化、建设工期以及其他一些不确定因素影响。开发各种融资模式以解决一些不确定性和降低风险。例如，核蒸汽供应系统供应商在项目中获得股权。在孟加拉、白俄罗斯、埃及、匈牙利、伊朗和巴基斯坦等核电新建和扩容项目中，供应商国和东道国政府签订政府间协定以及提供政府贷款。小堆前期投入相比大堆低，预计在未来十年的成功示范将吸引更多国家。同时，私人投资对小堆技术的开发、示范和部署越来越感兴趣。

二是电力市场与政策。2017 年以来，全球电力市场变化变化趋势为：风能、太阳能光伏发电等可再生能源成本不断下降；各行业电气化程度提高，电力需求从经合组织国家转移到非经合组织国家；碳定价大幅提高以及排放交易计划发生改变。许多国家承诺在 21 世纪中叶实现净零排放，煤炭资产已成为一种负债，金融机构也在逐步放弃对煤炭的投资。政府间气候变化问题小组的《全球变暖 1.5 ℃特别报告》和国际能源组织的《全球能源行业 2050 年净零排放路线图》均显示，实现净零排放的路径包括核电，未来三十年内，核能发电量将翻倍。

三是电力弹性。核电在供应安全、可靠性和可预测方面具有明显优势。2021 年 2 月的北美大停电表明了拥有弹性能源系统的重要性。由于全球变暖，发生极端天气事件的频率会增加，强度也会越来越大。核电站的设计可以在极端天气条件下安全有效地运行，造成的发电损失相对有限。

四是先进反应堆和非电力应用。小型模块堆的技术竞争力体现在高度模块化，降低建设成本和缩短建设工期，以实现批量生产的经济性。小堆技术仍需要满足几个条件以达到商业竞争力：① 首堆的安全运行；② 有竞争力的成本；③ 可行的融资方案；④ 完善的许可证审评路径。微型反应堆功率范围在 1～20 MW 之间，可为工业偏远地区或离网地区供电，提供电力弹性，作为柴油的替代品，部署在小型模块堆都不适合的市场。

五是燃料可持续性和创新燃料循环。预计到 2040 年，全球对铀的年需求量在 56 640～100 225 tU 之间。在国际原子能机构低值情景中，全球铀年供应量与 2019 年的数值保持一致。高值情景中，铀的年产量需要增加约 41 000 tU。这将需要大量开发新的铀矿。自 2009 年以来，铀矿的一次供应平均占全球需求的 87%，缺口一直由二次供应弥补，但二次供应一直在慢慢耗尽。许多主要铀矿资源预计在 21 世纪 30 年代中期枯竭。考虑到建造和投产一座新矿山平均需要 15～20 年，业界对中长期的供应安全表示担忧。

六是放射性废物处置。在放射性废物管理的所有步骤中实施有效、安全、可靠以及防扩散（在涉及核材料时）的解决方案。过去十年，高放废物处置方面取得的重大进展包括：加拿大和瑞士即将正式提出处置场建议，法国和瑞典正在制定深层地质处置设施建设和商用方案，芬兰正在为乏燃料处置设施办理许可证申请。

七是退役。退役项目能否实施很大程度上取决于是否有足够的资金和长期管理乏燃料和放射性废物的适当制度。尽管目前还没有最终处置乏燃料的设施投入使用，但乏燃料可以安全地贮存在贮存池或干法贮存设施中。

八是人力资源开发。在不断变化的全球格局中，核领域保留和吸引人才受到技术创新、流动性增加和人口结构变化的进一步挑战。同时，网络和数字技术的发展使已有核电国家和新兴核电国家新一代职工队伍更容易获得核培训、教育和能力建设。

九是许可证审批/监管框架。所有低碳能源的发展都需要具体政策支持，政策应体现在国家法律、法规和监管体系中。核电站许可证审批需要对其设计和技术特性进行广泛的安全、安保和保障评价。各国利用国际原子能机构安全标准和安保导则指导国家监管框架的改进。目前现有的评价小堆等先进技术的监管导则和流程相对滞后，在某些情况下尚不可用。

十是公众认识。公众对核电的接受度主要受几个方面影响：对与核电相关的利益和风险的认识，以及对辐射风险、废物管理、安全和扩散的了解。实施核电计划的关键因素是与利益相关者建立牢固、积极和长期的关系。

二、美国提出“零碳排放行动计划”

2020 年 12 月，美国提出“零碳排放行动计划”（简称行动计划），目标是让美国人民重返工作岗位，在先进技术、良好就业、清洁能源、气候安全和经济安全的基础上建设充满活力的 21 世纪美国经济。

行动计划认为新绿色增长模式所需的关键内容包括可再生能源的快速升级、电气化、向氢气、高级生物燃料及其他清洁燃料过渡等 8 个方面。行动计划提出了一个大规模变革框架，该框架由 4 个核心要素组成，即技术、美国的联邦制、外交政策和产业政策。行动计划还对低碳转型的不确定性因素、实现净零排放的经济成本、创造就业岗位、联邦投资等进行了规划分析。

行动计划着重规划了电力、交通运输、建筑、工业、土地使用、材料六大产业的转型。这六大经济产业占了美国所有的 CO_2 排放量，以及大部分其他温室气体的排放量，是美国到 2050 年能够实现深刻转型的关键。对于电力行业的深度脱碳，行动计划从电力供应、电力需求、演化电网的拓扑结构、政策激励和实施 4 个方面展开分析。预计发电行业主要会向风能和太阳转变，其他零碳来源（尤其是核能和水力发电）发电则继续保持。为了保持电力系统的可靠性，到 2050 年还需要保留一定量的燃气发电机组，发电量大致与当前水平相当，但其运行次数将少于当前水平。建议优先考虑三类政策：① 使用广泛的清洁能源标准或政策，如（特定行业）碳定价政策；② 大幅增加清洁能源的研究、开发、示范与部署资金；③ 注重学习和协调，统筹考虑电网分散化等问题，加强管辖权重叠的州和联邦当局之间的协调。

美国政府对于核能发展持比较中性的态度。一方面，认为核能是稳定或可调度的低碳能源，具有高容量特征，除了提供批量发电之外，还可为电网提供各种服务，如电网可靠性和储备能力。另一方面，认为核能当前综合成本高，在经济性上无竞争力，到 2050 年的综合成本未知，同时对小型模块化反应堆将如何演变未明确。

总体来讲，行动计划肯定了核能等稳定或可调度的低碳电力对于维持电网稳定和降低电网系统性成本的重要作用。指出扩大清洁可靠电力（核能、地热、水力发电）的容量将减少电网所需的储能，从而满足给定的脱碳目标。相较于完全依赖风、光和储能的电网，添加了低碳或零碳可靠电力的高比例可变可再生能源的电力系统的总成本更低，当清洁可靠的电力供应得到最佳利用时，随着碳排放接近于零，平均电力成本将减半。

三、俄罗斯国家原子能公司发布 2020 年度报告

俄罗斯国家原子能公司发布了 2020 年度报告，总结了 2020 年取得的主要业绩，介绍了长期战略发展目标。

（一）基本情况

俄罗斯国家原子能公司是全球核技术的领导者，目标是 2030 年成为全球核科学和现代高科技领导者。2020 年，俄罗斯核电站

发电量达到 2 157.4 亿千瓦时，创造了包括苏联时期在内的所有生产时期的最大值。核电安全运行，未发生 INES 分级 2 级及以上的核事故。全球第一座浮动核电站投入运行。北海航线成立了海军作战部。海外版图不断扩展，业务范围有序扩大，完成集成创新 KPI 指标、投资计划目标、政府命令，10 年新产品订单产量、2020 年新产品收入与海外业务收入持续增长。

（二）长期战略目标

2020 年，俄罗斯国家原子能公司战略目标是实现全球核科学和现代高科技领导地位，基本与 2019 年战略目标保持一致。公司业务战略于 2014 年 10 月 31 日通过监事会批准，由于当时并不能预测之后出现的经济和政治形势变化，其业务战略不断调整。意识到技术挑战是对公司全球运营影响最大的一个新因素，2019 年，俄罗斯国家原子能公司长期战略目标中增加了在最新技术方面占据全球领先地位，目标从全球核工业领导者向全球技术领导者发展，旨在利用现有的能力、核技术的理解和经验的积累打开新的市场大门（表 14）。

表 14　2018—2020 年俄罗斯国家原子能公司长期战略目标发展情况

年份	经营战略目标	长期战略目标
2018 年	掌握新一代核技术及加强俄罗斯核技术出口潜力	增加国际份额； 降低生产成本和交付周期； 为俄罗斯和国际市场开发新产品
2019 年	从核工业全球领导地位向全球技术领导地位发展	增加国际份额； 降低生产成本和交付周期； 为俄罗斯和国际市场开发新产品； 在最新技术方面占据全球领先地位

续表

年份	经营战略目标	长期战略目标
2020 年	确保俄罗斯国家原子能公司核科学和现代高科技全球领先地位	增加国际份额； 降低生产成本和交付周期； 为俄罗斯和国际市场开发新产品； 在多项先进技术方面取得全球领先地位

来源：俄罗斯国家原子能公司年报

近三年，俄罗斯国家原子能公司计划专注于开发最先进的高科技技术，新开发业务有风电、增材制造、核医疗、北海航线发展、环境保护、氢能、复合材料、数字产品开发等重点业务领域。

（三）2020 年主要成绩

表 15　俄罗斯国家原子能公司 2020 年关键绩效指标完成情况

监事会设定的关键绩效指标	2017	2018	2019	2020	2020/2019
发电量/亿千瓦时	2029	2043	2088	2157	+3.4%
JSC Rosenergoatom 投资计划目标相对完成率/%	98.7	101.5	104.3	103	－1.2%
10 年期海外订单总量/十亿美元	133.5	133.2	140.1	138.3	－1.3%
10 年期新产品（公司业务范围以外）订单总量/10 亿卢布	814.1	1 082.6	1 169.1	1 602.1	+29%
新产品（公司业务范围以外）收入/10 亿卢布	170.9	196.7	227.9	261.6	+14.8%
综合创新 KPI 指标[1]完成率/%	106.6	114.4	114.4	112	－2.1%
政府指令完成率/%	100	100	100	100	0
在 INES 分级 2 级及以上事件数量	0	0	0	0	0

[1] 包括外国专利数量、创新产品销售收入以及公司新创新开发计划实施成果。报告期目标设为 100%。

来源：俄罗斯国家原子能公司年报

俄罗斯国家原子能公司拥有核生产链各个阶段的相关资产和能力，根据业务划分为核武器综合体、核辐射安全综合体、放射性废物与乏燃料管理综合体、核电综合体（包括核电站、铀浓缩、纯化转化、燃料制造）、科技综合体。

1. 核武器综合体

为了确保俄罗斯联邦的地缘政治利益、维护核武器军械库，需要解决俄罗斯联邦总统批准的“2025 年前俄罗斯联邦军事技术政策原则”和进一步发展有关的优先事项对应的任务。2020 年，这一方向的框架下执行了以下任务：一是采取措施在质量和数量上维持和发展俄罗斯联邦武装部队的弹药库存，以保证俄罗斯联邦在核威慑领域的政策得到实施；二是确保已 100%完成国防命令；三是俄罗斯联邦武装部队退役的核弹药和核潜艇处置综合工程已经完成。2020 年，核武器综合体企业其他产品的综合收入量达 782 亿卢布。

2. 核电机组

截至 2020 年底，俄罗斯在运核电机组 38 台，总装机容量为 2 934.7 万千瓦，2020 年总发电量 2 157.4 亿千瓦时；在建核电机组 3 台，分别为列宁格勒核电站二期 2 号机组、库尔斯克核电站二期 1 号和 2 号机组。浮动核电站于 2020 年 5 月 22 日投入运行。

延寿与退役。俄罗斯联邦批准了 24 台核电站机组延寿，总装机功率为 1 781 万千瓦（占运行中核电站机组总装机功率的 57%）。其中，比利比诺核电站 3 号机组二次延寿至 2025 年底，比利比诺核电站 4 号机组延寿至 2025 年，巴拉科沃核电站 4 号机组延长寿命 30 年，别洛亚尔斯克核电站 3 号机组延长寿命 15 年。此外，还为列宁格勒核电站 1 号和 2 号机组、新沃罗涅日核电站 3 号机组和比利比诺核电站 1 号机组 4 台机组退役做准备。

3. 核燃料循环

截至 2020 年底，包括俄罗斯本土和海外铀矿企业（分别由俄罗斯国有铀资源股份公司和铀壹公司管理）的俄罗斯国家原子能公司在铀产量方面成为全球排名第二的大公司。2020 年，铀矿企业“俄罗斯国有铀资源股份公司”全部完成年生产计划 2 846 吨，矿产资源基地铀总量为 50.94 万吨，按照国际报告标准铀壹公司的矿产资源基地（包含 Mantra 资源有限公司 100%的股份），2020 年铀总量初步估算为 18.7 万吨。

优先工作计划。开发用于热中子反应堆的铀－钚燃料，并为外国客户制造含少量锕系元素的燃料，以支持“平衡核燃料循环”产品线，该产品线将乏燃料后处理服务和燃料制造与后处理产品相结合；开发和制造了的含有混合铀－钚氮化物的三种实验燃料组件 ETVS-30、ETVS-31 和 ETVS-32（简称 SNUP）；对 3 台使用 SNUP 燃料的实验燃料组件 ETVS-22、ETVS-23 和 ETVS-24 反应堆进行辐照，证实 RUBREST-OD-300 反应堆核燃料的可操作性。

4. 国际合作

2020 年，俄罗斯国家原子能公司签署了 4 项政府间协议和 12 项重要部门间协议。截至 2020 年 12 月 31 日，俄罗斯国家原子能公司共与 20 个国家签署核设施建设的政府间协议（比 2010 年增加 2 倍），与 56 个国家签署了政府间“框架”协议，为核领域建立双边核设施合作奠定了基础。

俄罗斯国家原子能公司 2020 年的海外收入与 2019 年相比增长了 3%以上，达到 75 亿美元；10 年间海外订单量达 1 383 亿美元；包括 2020 年投产的白俄罗斯核电站 1 号机组，2020 年底国外核电站项目数量达到了 36 台机组；在 9 个国家的现场开展了 25 台机组的建设工作。

国际合作包含人员培训、核武器处置问题、核技术应用、核材料的核算与控制程序。其中，核电站和核科学技术中心的建设、扩大全球核能市场布局、参与核能国际规范和规则的制定是俄罗斯国家原子能公司的国际活动中重要内容。

在铀产品出口方面，俄罗斯国家原子能公司的子公司俄罗斯核燃料循环产品出口企业 TENEX 公司继续保持核燃料循环前段产品领先供应商的地位。TENEX 公司的铀产品已为 41 个客户交付到全球 19 个国家，全年销售额超过 20 亿美元。

俄罗斯国家原子能公司正致力于将核燃料平衡循环集成产品推向世界市场。该提案包括闭式核燃料循环元件，确保有效回收再循环的核材料，并显著减少因乏燃料后处理和高放废物分馏而送去处置的高放废物的数量和放射性。核退役方面，俄罗斯国家原子能公司的子公司俄罗斯核燃料产供集团的核辐射危险设施退役集成商开发了一个综合性提案和全周期服务计划，以恢复核设施退役后的领土。截至 2020 年底，核辐射危险设施退役集成商年收入超过 40 亿卢布。在国外市场，签订了 11 份合同，总金额超过 10 亿卢布。

2020 年，用于医疗和工业目的的放射性同位素产品的消量有所下降，主要由于在新冠肺炎疫情期间定期航班大幅减少导致了供应链中断，以致于许多医院和研究实验室的放射部门关闭，以及重新分析用于医疗目的的放射性同位素。2020 年，俄罗斯首次向意大利医疗系统交付了以镥-177 为基础的表面活性物质；实现了碘-131 的量产；为韩国基础科学研究所用于寻找无中微子双 β 衰变科学实验的钼-100（史上最大的钼-100 供应订单的义务）。

5. 新业务领域

俄罗斯国家原子能公司各组织新产品销售收入为 2 616 亿卢布，既定目标值为 2 500 亿卢布。10 年期间的订单总额达到 16 021 亿卢布，比 2020 年的目标值（12 440 亿卢布）和 2019 年的结果（11 691 亿卢布）高出 29%。

6. 创新管理

2020 年，核领域创新活动的主要目的是发展行业科学、形成“技术走廊”，以确保产品在世界市场上的竞争力。

核电行业的主要创新项目是“突破”，旨在创建快中子反应堆及闭式核燃料循环。该项目的创新技术将解决放射性废物的相关问题，并提高核电站的经济效益。

2020 年，根据国际热核聚变实验堆项目建设计划，作为俄罗斯履行该项目义务的一部分，对反应堆系统和设备构筑物进行开发、制造、交付到施工现场。

7. 破冰船

俄罗斯国家原子能公司制定了联邦项目许可证的新版本“北海航线的开发”，新版许可证规定了 2024 年之前需要实施的任务和取得的结果，并额外说明了 2030 年之前规划期的目标值。新版本保留了联邦项目“北海航线水域货物运输量”的目标指标，2024 年计划值为 8 000 万吨，2030 年预测值为 1.1 亿吨，还增加了新的目标指标“北海航线海域港口总容量”。

2020 年，在北海航线共航行了 497 艘核破冰船，总吨位为 3 480 万吨（2017 年 493 艘船、总吨位 720 万吨，2018 年 331 艘船、总吨位 1 270 万吨，2019 年 510 艘船、总吨位 3 030 万吨，一年内航行船舶总吨位增长 15.2%。

2020 年 9 月 18 日，俄罗斯国家原子能公司成立了海军作战总部，其自动化控制系统、情报中心投入商业运行，其中，自动化控制系统为破冰船舰队的管理和决策提供支持、收集和可视化导航信息、收集冰和水文气象条件信息、收集和可视化卫星图像、编写各类指标的分析报告；情报中心功能包含确保北海航线水域安全航行与加强俄罗斯国家原子能公司形象地位活动的举行。

四、欧盟委员会发布《欧洲绿色协议》

2019 年 12 月，欧盟委员会发布《欧洲绿色协议》（简称绿色新政），提出到 2050 年在全球范围内率先实现“碳中和”，发出了强烈的绿色低碳转型信号，引起了世界各国高度关注。新政涵盖能源、工业、交通、建筑、农业等所有经济领域。

（一）战略目标上，上调了欧盟 2030 年和 2050 年减排目标

绿色新政提出，将欧盟 2030 年温室气体减排目标从 1990 年减排 40%上调至 50%并力争到 55%，到 2050 年实现温室气体净零排放、经济增长与资源使用脱钩。

（二）为实现上述战略目标，欧盟将实施“七大行动”

（1）建设清洁、可负担、安全的能源体系。提高能效、发展可再生能源、快速淘汰煤炭、对天然气进行脱碳处理和各领域可持续解决方案的智能融合是能源系统低成本脱碳的关键。

（2）建设清洁循环的产业体系。充分挖掘数字转型的潜力，是实现绿色新政目标的关键要素。同时要将工业战略与新的循环经济行动计划相结合，推动欧盟内外气候中性和可循环产品领导市场的发展。

（3）推动建筑升级改造。高能效和高资源效率建造和翻新建筑是其政策核心。

（4）发展智能可持续交通系统。通过多式联运提高交通运输系统的效率，同时拟取消化石燃料补贴，将欧洲碳排放交易扩大至海运业，并减少无偿分配给航空公司的欧盟碳交易配额，提出更严格的内燃机机动车大气污染物排放标准。

（5）实施“农场到餐桌”的绿色农业战略。设计覆盖食品链各环节的可持续食品政策，大幅减少和降低化学农药、化肥和抗生素的使用。

（6）保护自然生态和生物多样性。采取可量化的目标来应对生物多样性丧失的风险，通过实施《欧盟新森林战略》推动欧洲植树造林和森林保护与修复。

（7）创建零污染的环境。通过实施针对大气、水和土壤的零污染行动计划和可持续化学品战略创造无毒环境。

（三）从资金支持、国际合作、社会动员等三方面提出保障措施

（1）首先是实施“可持续欧洲投资计划”，以绿色投融资来确保公正合理的转型。其次是制定国家环保预算，充分运用绿色预算工具重新将公共投资、消费和预算直接导向绿色优先项目，避免有害补贴。

（2）在国际合作方面，欧盟强调全球应携手应对气候变化和环境退化等挑战，欧盟将树立绿色发展的全球榜样，依托后续外交、贸易、发展援助等政策，带动其他国家采取行动。

（3）将制定出台《欧洲气候公约》，通过信息共享、自由讨论、能力建设等方式提高公众和利益相关者应对气候变化的能力。

绿色新政是欧盟应对气候和环境挑战的新承诺，被视为欧盟下一个“五年规划”，将对欧盟的经济社会发展产生深远影响。然而，是否将核能作为气候解决方案纳入新政却是一个关注的焦点。严重依赖化石燃料的3个东欧国家（波兰、匈牙利和捷克），不愿就“2050年碳中和”达成一致，但匈牙利和捷克同时提出，只要欧盟接纳核能技术，他们愿意为净零排放目标贡献力量。目前，欧盟已“暂时”同意将核能纳为气候解决方案的一部分，为绿色新政争取到了捷克和匈牙利的签字，这也使得波兰成为唯一一个拒绝签署净零排放目标承诺书的欧洲国家。对此诉求，法国表示支持，但德国、奥地利和卢森堡反对。目前，核电约占欧盟发电量的30%。过去半个世纪，核电大约抵消了600亿吨来自化石燃料发电的二氧化碳排放。

五、法国审计法院发布 EPR 专题报告

法、德两国从 20 世纪 90 年代初开始合作设计新的反应堆，并命名为 EPR（先为“欧洲压水堆”缩写，后因德国退出，改为“改进型压水堆”缩写），以期提供更高的安全保障和更优秀的技术表现。目前世界范围内共有 6 座 EPR 反应堆，分别是芬兰奥尔基洛托 3 号机组、法国弗拉芒维尔 3 号机组、中国台山核电 1 号和 2 号机组以及英国欣克利角 C 两座机组，除中国台山核电 1、2 号机组已分别于 2018 年 6 月和 2019 年 5 月投入运行外，其余均为在建机组，并且所有 EPR 反应堆均出现不同程度的工期拖延和预算超支问题。法国审计法院的 EPR 专题报告详尽总结了 EPR 反应堆建设中遇到的问题，分析了产生问题的原因及其对法国工业、财政、海外投资等造成的影响，并提出了应对建议。

（一）不利条件下发起的欧洲压水反应堆项目

1989 年，法国法马通及德国西门子公司开始构思新建一座核反应堆，并于 1992 年将其命名为“欧洲压水堆”。建设目的是从几十年来的核电生产经验当中获得收益，并同时满足越来越严格的核安全要求，尤其是在 1979 年美国三哩岛核事故、1986 年苏联切尔诺贝利核事故之后。法国及德国两国政府从一开始就支持法、德共建反应堆。两国电力工程师于 1992 年来到现场，不过双方目标却不尽相同。德国工程师团队希望升级德国的康沃伊型堆，而法国电力集团则希望对当时在建的最新一代 N4 核电反应堆进行改造升级。1998 年，德国决定退出核电项目，法国陷入独自实施项目的

境地，项目缩写的意义遂改为“改进型压水堆”。值得注意的是，虽然两国工程师共同提出的几大设计方案带来诸多复杂结果，方案本身却并未引起诟病。

从2001年开始，新组建的阿海珐集团开发出销售EPR反应堆的新战略，称之为“交钥匙工程”，与意图在法国本土和海外成为新核能行业龙头的法国电力集团销售战略分庭抗礼。当时并未出现裁决两大集团竞争关系的政策出台，导致最后竞争走得太远，发展成对于法国核电行业十分危险的现象。

在这样的情况下，阿海珐集团与芬兰工业动力公司于2003签署了EPR反应堆销售合约，法国电力集团从2004年开始了法国第一座EPR核电站的建设，该核电站位于弗拉芒维尔。两大法国公司的竞争导致最早的两个EPR反应堆建设仓促上马，其技术标准过时，前期研究也不够细致。准备不足的同时也导致对EPR反应堆建设困难的预估不足。由于过去58个反应堆核电站的成功建设与投产，核电行业表现得过于自信。

（二）弗拉芒维尔核电站EPR反应堆建设：多重因素导致操作性失败

截至EPR专题报告发布日，弗拉芒维尔核电站的EPR反应堆建设费用飙高至最初预测的3.3倍，投入使用时间至少延迟3.5倍。这个数字，即便对于该类型首创项目来说也是一种严重的偏差。

这主要是由于对弗拉芒维尔3号EPR反应堆的工期和建造成本的预估不切实际。1996年至2000年，全球范围内反应堆建设平均工期为121个月，而弗拉芒维尔3号EPR反应堆的预估建造时间为54个月，仅比芬兰奥尔基洛托3号机组预计建造时间多6个月。明显低估工期导致企图在非常短的期限内完成项目的巨大压力。现在弗拉芒维尔 3 号 EPR 反应堆建设时间估计为 187 个月，尚需考虑到，新冠肺炎疫情的影响会增加延长这一期限的风险。

预计工程需要 500 万工时完成；实际上将需要 2 200 万工时。自开工以来已有近 4 500 次工程修改，这导致工程经常停工用于处理工程上的困难。

严重偏差也是由于法国电力集团对项目监督缺乏组织，监督部门缺乏警惕性。董事会没有定期对该战略项目进行审议，也没有采纳审计委员会的预警信息，且收到信息通报却不采取纠正措施。该公司没有组织实施过如此大规模项目，所谓“建筑师兼工程师”概念也掩盖了项目业主和项目经理职能混乱的问题。2015 年前，该项目一直没有真正的领导团队。合同承包关系也加剧了项目技术管理的薄弱环节，因为合同既没有规定意外情况——鉴于该反应堆的行业首堆性质，本来完全可以预见这些意外情况的发生；合同中也没有激励机制，若有激励机制，本来可以发现设计的不完整性。因此，在弗拉芒维尔 3 号 EPR 反应堆建设的 12 个主要合同中，有 11 个合同成本增加了 100%～700%。该公司在主导由自己资金牵头的项目方面起步较晚，2012 年才开始跟踪项目支出，2015 年才评估了竣工后的建设成本，建设成本估计为 124 亿欧元（2015）。

此外，有关政府部门也未能履行好各自职责。在弗拉芒维尔 3 号 EPR 反应堆建设的施工时间和成本的估计明显偏低的情况下，政府部门既未对项目社会经济回报进行评估；也没有对项目实施过程中遇到的一系列问题的后果进行适当分析；也没有提醒各部委注意可能发生的意外对芬兰奥尔基洛托 3 号机组和弗拉芒维尔 3 号机组产生的危险及其后果。由于没有及时发出预警信号，导致政府被迫付出沉重代价对核工业进行重组。

如今，人们很容易用核工业技术水平下降和忽视质量的重要性来解释 EPR 反应堆建设问题。然而在 21 世纪初，参与者并没有意识到这一点。这些事后解释都是在已经面临重重困难的情况下做出，而且西沃 2 号机组（法国最新投入使用的反应堆）和弗拉芒维尔 3 号机组建设项目相隔 15 年。2019 年 12 月，法国电力集团宣布实施一项行动计划，恢复必要的技术水平和对质量的重视。此前，在决定开始建造新型反应堆之前没有进行该项检视。

法国电力集团已决定针对某些反应堆部件，采用所谓“破裂排除法”设计，提高对这些设备在设计、制造和运行监测中的工艺要求，目的是使破裂可能降至极低。原阿海珐核能公司及其分包商无法按高要求进行部分焊缝操作，而法国电力集团直到 2017 年才告知核安全局，贯通焊缝有偏离“破裂排除”标准的情况存在，尽管自 2013 年 10 月起该部门就已经知情。这个问题是安全的根本，却迟迟没有传达到核安全局，反映出该领域工作人员与其安全主管部门之间缺乏信息沟通的问题。

技术和组织上的问题带来严重的经济后果。仅修复贯通焊缝一项，就会增加约 15 亿欧元的建设成本。2015 年至 2019 年，法国电力集团试图说服核安全局，认为技术要求与实现水平之间的差异是可接受的，在此期间施工处于停滞状态，从而增加了项目成本。

（三）对整个行业的严重影响

近期从国有资本重组中受益的一些公司受到财务风险影响。在对阿海珐集团进行重组后，国家筹集 45 亿欧元，向阿海珐集团（20 亿欧元）和欧安诺集团（25 亿欧元）拨付资金。法国电力集团获得 30 亿欧元注资，使其能够控制曾属于阿海珐集团核能公司、后称为法马通公司的反应堆相关行动。

由于法国电力集团对全资国有阿海珐集团的巨额索赔，阿海珐集团不能完全排除财务违约的风险。法国电力集团对其子公司法马通公司提起诉讼的风险也可能令法马通公司财务状况更为脆弱。政府作为这些公司的主要股东，必须高度谨慎，监测这些公司之间目前或今后的争端结果。政府控股行业的战略值得肯定。

显然，严重偏差会对弗拉芒维尔 3 号 EPR 反应堆建设成本和利润产生影响。据法国电力集团估计其建设成本为 124 亿欧元（2015），此外还应加上投产时产生的额外成本近 67 亿欧元（2015）。该项目依然计划于 2023 年中期投运。总成本中包括约 42 亿欧元的财务成本。遗憾的是，在这种情况下，法国电力集团和有关政府部门都未能计算弗拉芒维尔 3 号 ERP 反应堆的预计盈利能力，显然认为它被核电站所有反应堆的平均水平稀释属于正常情况。在该公司没有提供数据的情况下，法院根据 ERP 专题报告中提出的假设，估计弗拉芒维尔核电站生产的电力成本可能在 110～120 欧元/兆瓦时之间。

（四）海外战略在此情况下无以为继

芬兰奥尔基洛托 3 号机组项目由阿海珐集团于 2005 年启动，计划于 2009 年投产。该项目经历诸多挫折与延误，并超出成本，导致阿海珐集团破产。原定 2020 年 3 月至 2021 年 5 月底进行临时验收，但不确定因素依然存在，据核电站收购方芬兰工业动力公司最近的公告，新冠肺炎疫情造成的公共卫生危机可能对接下来进行的工作造成影响，使不确定因素更加突出。根据阿海珐集团提供的资料，在不考虑涡轮机成本（6.84 亿欧元）的情况下，阿海珐集团承担的部分建设成本估计为 82 亿欧元（按当前欧元计算），几乎是最初合同金额的 4 倍（阿海珐和西门子合资公司预估成本为 22.8 亿欧元）。

法国电力集团在英国投资欣克利角项目，这是一项高风险业务。法国电力集团已花费 157 亿欧元收购英国能源公司，排除新增成本因素，它将拿出总计 160 亿～170 亿欧元用于建设两座欣克利角 C 机组。在 2019 年宣布追加 30 亿英镑的建设成本并延长反应堆建设时间后，风险依然存在。欣克利角项目自启动以来，回报率多次下调，项目资金由法国电力集团其在项目公司的股权为限，对其财务状况影响较大。

中国台山核电 1 号和 2 号机组分别于 2018 年和 2019 年成功投产，但相比签署订单时计划投产时间晚了 5 年，且超预算 60%。对于反应堆所生产电力的上网电价定价以及法国电力集团项目的盈利能力，目前仍然存在疑问。

EPR 反应堆的其他海外项目也充满不确定性。尽管法国电力集团做了诸多商业上的努力，向印度提供非常优惠的财务条款，法国政府对此也做出了肯定，但长时间的谈判却几乎没有进展。至于在英国塞兹维尔建造 EPR 反应堆的计划，由于法国电力集团本身不再有能力进行投资，所以其实施取决于是否获得融资。

（五）法国建 EPR2 系列工程：技术、经济和能源政策的三重选择

法国电力集团从遇到的困难中吸取教训，从而更好地建设 EPR 反应堆。由于台山核电反应堆的良好运行证实这一技术选择的正确

性，法国电力集团向国家核安全局和行政当局提出了一种新的 EPR 模式，即“EPR2”，也就是所谓的“EPR2”模式，它被视为是更简单、成本更低的一种建设模式。

在此模式下，法国电力集团放弃基于经验反馈和具有学习效应的 EPR 反应堆技术优化的做法。奥尔基洛托 3 号机组和弗拉芒维尔 3 号机组表明，优先考虑创新而不是积累经验会带来风险，而且也不应低估创新成本。但是法国电力集团未能合理把握，与弗拉芒维尔式电站建造成本相比，建造 EPR2 反应堆能节省成本。然而，目前政府部门在新核电方面唯一研究过的方案是成对建造，一共建设 6 座 EPR2 反应堆。

其财务风险很大：建造三对 EPR2 反应堆预估成本为 460 亿欧元（2018）。是否继续建设 EPR 反应堆，其影响将延续到 22 世纪。因此，必须在经验反馈的基础上做决定，经验不仅要在法国电力集团内部反馈，而且涉及所有已建或在建 EPR 反应堆建设的所有相关方，让所有利益相关方都能从 EPR 反应堆建设的开展方式中吸取同样的教训。

必须建立新的核反应堆融资方案。法国电力集团无法单独投资新反应堆建设，如果不能保证从反应堆运营中获益，法国电力集团将无法继续投入资金。无论采取何种方式，如果没有一定形式的政府保障，任何新项目都无法启动。然而，只有证明新核电反应堆电力生产与其他电力生产方式（特别是可再生能源）相比具有足够的竞争力；或者其他因素证明有理由在各类电力组合中保持核电方案，才有理由将这个负担转移给消费者或纳税人。

这就是为什么在作出发展新型核电反应堆决定之前，应当对现在直至 2050 年的电力组合进行全面分析，要提出涵盖供应安全、电力传输和分配网络更新、放射性废物管理、运行中核电站的退役，当然还有电力系统的运行成本等多方面的挑战和解决办法。

由于政府已将这一决定推迟到弗拉芒维尔 3 号机组投产后，即不早于 2023 年中。因此，在此之前，法国电力集团仍有可能在审计法院建议下，对 EPR 反应堆建设经验进行全面反馈，并对电力组合提出长期规划。

（六）建议

1. 关于主要工地工作的建议

重新考虑“整体建设”概念，区分项目业主与项目经理职责（法国电力集团，2020 年）；

合同中写入项目业主和服务供应商建设风险共担条款，促使其遵守施工工期（法国电力集团，2020 年）；

确保法国电力集团董事会对战略项目和相关风险每季度进行一次审查（法国电力集团、法国生态转型与团结部、法国经济和财政部，2020 年）；

确保重大项目负责人对所需的资源，特别是工程资源拥有足够权力（法国电力集团，2020 年）；

统一参考框架，说明破裂排除原则的应用方法及模式，以澄清有关工艺带来的工业后果（法国电力集团、法马通公司，立即执行）。

2. 关于未来决策准备的建议

计算弗拉芒维尔 3 号机组及 EPR2 反应堆的预期盈利并进行跟踪（法国电力集团，2020 年）；

在介入海外项目前，确定其风险和预期盈利能力以及融资条件，并基于以上条件开展工作（环保局、财政总局、欧洲发展基金，2020 年）；

在启动新核电反应堆项目前，与所有相关方一道，全面反馈并汲取法国和国外已建或在建的所有 EPR 反应堆（法国电力集团、法国生态转型与团结部、法国经济和财政部，2020 年）；

将电力组合规划工作放在 2050 年、决定启动新核电反应堆项目之前（法国电力集团、法国输电网公司、法国生态转型与团结部、法国经济和财政部，2020 年）。

六、英国发布《净零燃料：通往未来清洁能源的先进核燃料循环路线图》

2021 年 7 月，英国商业、能源和产业战略部和英国国家核实验室发布了《净零燃料：通往未来清洁能源的先进核燃料循环路线图》（简称《路线图》），旨在支持核能在实现英国 2050 年净零排放承诺中发挥最大作用。报告提出先进燃料和燃料循环的研究、开发和示范路线，涵盖燃料制造和乏燃料管理两个环节，帮助政策制定者和工业界在未来几年进行前瞻性思考和投资规划。

（一）《路线图》概述

以英国 2050 年实现净零排放为目标，核能装机容量将在 0～60 GWe 之间，大型、小型和先进反应堆系统都将在 2050 年净零目标实现中发挥作用。英国需要一系列新的和现有的燃料类型，以及与之相关的乏燃料管理。2016 年，英国商业、能源和产业战略部设立了能源创新计划支持核能、核燃料领域的发展，2016—2021 年期间通过为核领域创新投资了 5.05 亿英镑。先进核燃料循环计划是能源创新计划的一部分，于 2019 年正式设立，由国家核实验室牵头，与 90 多个英国有关机构合作，开发先进回收和废物管理以及先进核燃料领域的技术。2021 年 7 月，国家核实验室发布了先进核燃料循环路线图。

《路线图》包含先进燃料路线图和可持续先进燃料循环路线图，其中先进燃料路线图涵盖耐事故燃料、包覆颗粒燃料以及快堆燃料与燃料循环；可持续先进燃料循环路线图则提出轻水反应堆燃料先进回收、耐事故燃料先进回收、热化学（熔盐法）回收技术用以生产未来燃料。《路线图》提出了四阶段目标。

短期（2021—2025 年）：净零排放的有关立法推动了核能发展的新思考，支撑了国内燃料能力发展的需求。这段时间内，英国将逐步淘汰先进气冷堆所需的燃料产品和市场，陆续开展轻水反应堆建设、轻水小型模块化反应堆项目和先进模块化反应堆技术开发计划，完成工业规模后处理。同时，英国将重新参与第四代核能发展论坛。

中期（2025—2035 年）：净零排放目标推动了对低碳热、氢和合成燃料的需求。英国将关闭剩余的先进气冷堆和相关燃料市场，扩展新基础设施建设。预计 2030 年左右，轻水小型模块化反应堆项目将研发成功，随后进行商业部署，推动可持续燃料循环。

远期（2035—2050 年）：燃料循环的可持续性变得更加重要。此时期内，英国计划扩大轻水反应堆燃料的新建市场；推出各领域先进模块化反应堆研究项目支持净零计划，示范先进模块化反应堆技术；扩大国内燃料循环；出口具有燃料循环解决方案的核技术。

愿景（2050 年以后）：能够满足三代（+）和先进核技术的燃料循环需求，为实现英国的净零排放和可持续发展作出重大核贡献；核工业从燃料浓缩和制造到回收和废物最小化、贮存和处置方面，拥有强大的国内能力。

（二）关于先进燃料路线图

耐事故燃料。本书中的耐事故燃料指的是具备更好的性能和经济性的未来燃料，短期内突破包覆锆合金包壳技术，长期内“革命性”选择有高密度燃料（如氮化铀）和高级包壳（如碳化硅复合材料）。

技术路线图重点工作有以下四点：① 未来 10～15 年，商用包覆包壳和下一代耐事故燃料在英国生产，为英国和国际轻水反应堆提供可增长的市场。② 未来 3～5 年的重点包括辐照测试、堆外测试和乏燃料管理评估在内的燃料鉴定。③ 通过路线图确定的路径来交付这些耐事故燃料产品将有助于确保英国本土的燃料制造能力，同时为英国带来潜在的可观收入。④《路线图》中已确定了推动因素，包括国际合作、接触辐照和辐照后检验设施以及新燃料鉴定的核数据要求。

包覆颗粒燃料。通常称为三结构各向同性（TRISO）燃料，由可裂变物质的堆芯或“内核”组成，通常为二氧化铀，包覆层如下：多孔碳缓冲层，以适应燃料膨胀和气体裂变产物的积聚；两层致密的各向同性热解碳保护层；致密的碳化硅层，提供结构完整性和裂变产物的屏障。包覆颗粒燃料技术不仅可以用于高温气冷堆，也可用于轻水反应堆以及涉及新型微型反应堆和空间反应堆系统的应用，近年来引发业内高度关注。

通过先进燃料循环计划，英国正在重建生产包覆颗粒燃料的能力。内核制造，在英国核燃料卓越中心的框架下，内核生产设备的安装和积极调试将于2021年在斯普林菲尔德的普雷斯顿实验室完成。内核包覆，在亨利·莱斯研究所的框架下，曼彻斯特大学正在进行新的流化床化学气相沉积涂覆机的安装和调试。包覆颗粒燃料技术研究、开发和示范路线图侧重于开发内核和包覆以及封装技术（即形成卵石或压块）。原型燃料、包覆和封装朝着燃料鉴定和许可的方向发展是短期内的重点。在2030年代早期为示范堆提供燃料的短期供应，随后在更长的时间段里进行商业规模的燃料制造和供应。

快堆燃料与燃料循环。快堆技术是发展可持续燃料循环的一个有价值的工具，根据应用领域不同，有多种燃料可供选择。先进燃料循环计划致力于在坎布里亚郡塞拉菲尔德的中心实验室内建立英国研究和优化快堆燃料芯块制造的能力。目标是20多年来首次使用新的、最先进的柔性燃料管线制造英国快堆规格的混合氧化物燃料。先进燃料循环计划还在开发更广泛的能力，这将有助于英国向第四代核能系统国际论坛提供钠冷快堆技术开发方面的投入。快堆燃料和燃料循环研发路线图涵盖了钢包壳的铀基燃料，以及使用了循环技术包壳的钚和少量锕系元素燃料。

（三）关于可持续先进燃料循环路线图

轻水反应堆燃料的先进回收。燃料回收新技术以降低燃料循环成本和环境影响以及提高安全性、保障性和防扩散性为目标。先进燃料循环计划正在开发一种先进的 PUREX 工艺，旨在缩小目前英国、法国、俄罗斯和其他国家的钚铀萃取工业规模。先进钚铀萃取法工艺使用更小的单循环工艺以及更具创新性的概念，操作简化、扩散屏障和灵活性增加，产生的二次废物将在源头就减至最少。分离次锕系元素以减轻高放废物处理和处置负担的方案也将作为该工艺的一个补充。先进燃料循环计划除了堆芯分离工艺外，还包括开发创新技术，以管理高、中放废液副产物并捕获废气，包括用于长期贮存的新材料，从而减少对环境的影响并最大限度地降低整体燃料循环成本。

先进回收技术研发路线图侧重于堆芯回收工艺、工艺技术和关键废物管理技术，需开发的关键技术包括：前端操作，包括氧化铀和混合氧化物燃料的剪切、燃料溶解和调节；强化从裂变产物中分离铀和钚的工艺，避免期间出现纯钚流；从高放废液中回收微量次锕系元素的简单工艺；基于先进减排和固定技术综合和优化二次废物管理；创新型在线分析工具在工艺监测、控制和保护方面的应用。

耐事故燃料的先进回收。革命性概念耐事故燃料的先进循环研发、开发和示范路线图将在很大程度上取决于燃料概念的提出。耐事故燃料研究、开发和示范路线图的先进回收技术侧重于高水平的关键步骤。

热化学（熔盐法）回收技术。热化学处理研究、开发和示范建立的能力不仅支持燃料处理，而且支持反应堆或其他熔盐应用，如氚生产或储能。该路线图侧重开发高燃耗燃料的先进回收工艺，为英国的核能雄心提供更广泛的支持。

七、日本提出 2050“碳中和”发展路线图

近日，日本经济产业省发布了《绿色增长战略》，确定了日本到 2050 年实现“碳中和”目标，构建“零碳社会”，以此来促进日本经济的持续复苏，预计到 2050 年该战略每年将为日本创造近 2 万亿美元的经济增长。为了落实上述战略目标，战略针对包括核能、海上风电、燃料电池、氢能等在内的 14 个产业提出了具体的发展目标和重点发展任务。

（一）核能产业

发展目标：到 2030 年争取成为小型模块化反应堆全球主要供应商，到 2050 年将相关业务拓展到全球主要的市场地区（包括亚洲、非洲、东欧等）；到 2050 年将利用高温气冷堆过程热制氢的成本降至 12 日元/m^3；在 2040—2050 年间开展聚变示范堆建造和运行。

重点任务：积极参与小型模块化反应堆国际合作（如参与技术开发、项目示范、标准制定等），融入国际小型模块化反应堆产业链；开展利用高温气冷堆高温热能进行热解制氢的技术研究和示范；继续积极参与国际热核聚变反应堆计划，学习先进的技术和经验，同时利用国内的 JT-60SA 聚变设施开展自主聚变研究，为最终的聚变能商用奠定基础。

（二）海上风电产业

发展目标：到 2030 年安装 10 GW 海上风电装机容量，到 2040

年达到 30～45 GW，同时在 2030—2035 年间将海上风电成本削减至 8～9 日元/千瓦时；到 2040 年风电设备零部件的国内采购率提升到 60%。

重点任务：推进风电产业人才培养，完善产业监管制度；强化国际合作，推进新型浮动式海上风电技术研发，参与国际标准的制定工作；打造完善的具备全球竞争力的本土产业链，减少对外国零部件的进口依赖。

（三）氢能产业

发展目标：到 2030 年将年度氢能供应量增加到 300 万吨，到 2050 年达到 2 000 万吨。力争在发电和交通运输等领域将氢能成本降低到 30 日元/m^3，到 2050 年降至 20 日元/m^3。

重点任务：发展氢燃料电池动力汽车、船舶和飞机；开展燃氢轮机发电技术示范；推进氢还原炼铁工艺技术开发；研发废弃塑料制备氢气技术；新型高性能低成本燃料电池技术研发；开展长距离远洋氢气运输示范，参与氢气输运技术国际标准制定；推进可再生能源制氢技术的规模化应用；开发电解制氢用的大型电解槽；开发高温热解制氢技术研发和示范。

（四）船舶产业

发展目标：在 2025—2030 年间开始实现零排放船舶的商用，到 2050 年将现有传统燃料船舶全部转化为氢、氨、液化天然气等低碳燃料动力船舶。

重点任务：促进面向近距离、小型船只使用的氢燃料电池系统和电推进系统的研发和普及；推进面向远距离、大型船只使用的氢、氨燃料发动机以及附带的燃料罐、燃料供给系统的开发和实用化进程；积极参与国际海事组织主导的船舶燃料性能指标修订工作，以减少外来船舶 CO_2 排放；提升液化天然气燃料船舶的运输能力，提升运输效率。

（五）航空产业

发展目标：推动航空电气化、绿色化发展，2030 年左右实现电动飞机商用，2035 年左右实现氢动力飞机的商用，到 2050 年航空业全面实现电气化，碳排放较 2005 年减少一半。

重点任务：开发先进的轻量化材料；开展混合动力飞机和纯电动飞机的技术研发、示范和部署；开展氢动力飞机技术研发、示范和部署；研发先进低成本、低排放的生物喷气燃料；发展回收 CO_2，并利用其与氢气合成航空燃料技术；加强与欧美厂商合作，参与电动航空的国际标准制定。

（六）碳循环产业

发展目标：发展碳回收和资源化利用技术，到 2030 年实现 CO_2 回收制燃料的价格与传统喷气燃料相当。

重点任务：发展 CO_2 氧化还原制燃料技术，实现 2030 年 100 日元/升目标；研发先进高效低成本的 CO_2 分离和回收技术，到 2050 年实现大气中直接回收 CO_2 技术的商用。

参考文献

[1] WNA. The Nuclear Fuel Report 2019[R]. London: World Nuclear Association, 2020.

[2] UxC. Enrichment Market Outlook 2020[R]. Rosewell: UxC, LLC, 2020.

[3] EIA. Uranium Marketing Annual 2019[R]. Washington D C: U. S. Energy Information Administration, 2019.

[4] WNA. The Nuclear Fuel Report 2020[R]. London: World Nuclear Association, 2021.

[5] Euratom. Annual Report 2019[R]. London: the European Atomic Energy Community, 2019.

[6] WNA. The Nuclear Fuel Report 2021[R]. London: World Nuclear Association, 2022.

[7] UxC. Conversion Market Outlook 2020[R]. Rosewell: UxC, LLC, 2020.

[8] Orano. Consolidated Financial Statements-as of December 31, 2020[R]. Châtillon: Orano Group, 2020.

[9] Urenco. Financial statements 2020[R]. Buckinghamshire: Urenco Limited, 2020.

[10] UxC. Fabrication Market Outlook Q3 2020[R]. Rosewell: UxC, LLC, 2020.

[11] Framatome. Annual Report 2020[R]. Paris: Framatome, 2020.

[12] BHP. Annual Report 2021[R]. Melbourne: Broken Hill Proprietary Billiton Ltd, 2021.

[13] UxC. Fabrication Market Outlook 2021[R]. Rosewell: UxC, LLC, 2021.

[14] Cameco. Annual Report 2020[R]. Saskatoon: Cameco Corporation, 2021.

[15] UxC. Uranium Suppliers Annual 2021[R]. Rosewell: UxC, LLC, 2021.

[16] Kazatomprom. Integrated Annual Report 2021[R]. Nur-Sultan: Kazatomprom National Atomic company, 2021.

[17] UxC. Uranium Suppliers Annual 2021[R]. Rosewell: UxC, LLC, 2021.

[18] ROSATOM. Annual Report 2020[R]. Moscow: ROSATOM State Atomic Energy Corporation, 2021.

[19] TVEL. Annual Report of TVEL 2019[R]. Moscow: TVEL Fuel Company, 2020.